青岛老城的街道与生活

石 峰 著

东南大学出版社
·南京·

图书在版编目（CIP）数据

青岛老城的街道与生活 / 石峰著. ——南京：东南大学出版社，2012.11
 ISBN 978-7-5641-3853-0

Ⅰ.①青… Ⅱ.①石… Ⅲ.①城市道路–介绍–青岛市 Ⅳ.①K925.23

中国版本图书馆CIP数据核字（2012）第267145号

书　　名：	青岛老城的街道与生活
作　　者：	石　峰　著
出版发行：	东南大学出版社
社　　址：	南京市四牌楼2号　邮编：210096
出 版 人：	江建中
网　　址：	http://www.seupress.com
印　　刷：	南京玉河印刷厂
排　　版：	江苏凤凰制版有限公司
开　　本：	787mm×1094mm　1/16　印张：8　彩插：2页　字数：148千字
版　　次：	2012年11月第1版
印　　次：	2012年11月第1次印刷
书　　号：	ISBN 978-7-5641-3853-0
定　　价：	29.00元
经　　销：	全国各地新华书店
发行热线：	025-83791830

本社图书若有印装质量问题，请直接与营销部联系。电话（传真）：025-83791830

自序

我对街道研究的强烈兴趣来自于简·雅各布斯的《美国大城市的死与生》，她对街道的论述更加贴近生活，使我跳出了就空间论空间、就设计论设计的思维模式，开始探究空间与生活的关系，思考人使用街道空间的方式，研究街道空间如何满足人的多样需求。扬·盖尔、王笛、芦原义信、中村攻等人的著作从公共生活、日常生活、空间美学和儿童安全等不同方面，丰富了我对街道的认识，也深深的吸引我进行街道研究。

选择青岛老城作实证研究，有两个重要原因。一是因为青岛老城由于特殊的历史而形成了特殊的街道网形态，而且不同的街区呈现出不同的公共生活，青岛老城的街道样本丰富、多样并存，有德国占领时期移植来的，有与本土结合而成的，有国民政府时期中国人修建的，有后来各个时期建设和改造的，如此多的类型有利于进行街道比较研究。二是因为在青岛生活多年，比较熟悉。青岛的街道确实让我着迷，徜徉其中的时候，可以体会美与真实，感受生活的气息，体验空间的质量，思考设计是为了什么。诚如一位坐在路边看光景的老人说的那样，我在看世界。

我认为街道是最重要的、开放程度最高的、分布最广泛的、最容易到达的公共空间，街道研究关注日常生活中最常使用的公共空间，是返璞归真、以人为本的空间研究，是回归到空间设计本质的研究。空间设计是为了什么？不是为了创造精彩的作品，不是为了实现某种设计理念，不是为了成就设计大师。是为人，为人的生活，创造满足使用需求和精神需求的场所，是为提高人的生活质量，是为人能够更好的生活。

本书通过总结老城街道空间形态规律，讨论街道空间与公共生活的关系，丰富和完善青岛的城市设计方法与准则。当前青岛社会、经济和城市建设快速发展，在城市生活室内化、纯化、专业化、封闭化的趋势下，研究街道作为公共空间与公共生活的关系，尤其从社会生活的各种角度研究生活与街道空间的相互作用，具有探索城市空间设计本质的意义和社会意义。

多么希望现在的小孩儿可以像我小的时候一样，在街道上恣意玩耍，然而那个时代似乎一去不复返了。街道空间研究不能停留于对过去的眷恋，而只能寄希望于当下多保留一些历史街区，并在将来的建设和改造中，多一些对历史的尊重、对规律的遵循和对人的照顾，多一些可以让孩子玩耍的街道空间。

那些经历了时间检验的将继续美丽，那些古老的将更加恒久，那些新建的也许只是瞬间的绽放。只希望那些绽放的新空间即便短短数年也可以绽放得更加美丽和宜人，如果其中少数能够得到人们的喜爱并且经久不衰，一定是因为在上述方面做得比别的地方更好。

石峰

目 录

第1章　绪论 / 001
　　1.1　研究背景与文献综述 / 001
　　1.2　为什么研究街道？ / 003
　　1.3　为什么研究生活？ / 005
　　1.4　为什么研究青岛老城？ / 006
　　1.5　研究范围 / 009
　　1.6　研究方法与材料 / 011

第2章　青岛老城街道系统的空间分析 / 012
　　2.1　街道的生长 / 012
　　2.2　街道网络与城市结构 / 017
　　2.3　形态分析 / 024
　　2.4　对景 / 033
　　2.5　比例尺度 / 036
　　2.6　建筑界面 / 039

第3章　街道及两侧空间用途 / 044
　　3.1　居住空间与人群 / 044
　　3.2　商业空间与多样性 / 055
　　3.3　休闲空间与街头娱乐 / 063
　　3.4　节庆空间与街头庆典 / 070
　　3.5　交通空间与路权 / 076

第4章　街道的社会学用途 / 083
　　4.1　安全 / 083
　　4.2　交往 / 088
　　4.3　孩子的成长 / 094
　　4.4　谋生 / 099
　　4.5　街头政治 / 106

第5章　结语 / 113

　　参考文献 / 117

　　后记 / 121

第1章 绪论

1.1 研究背景与文献综述

本书研究从属于空间与生活研究，具体地说大部分内容是公共空间与公共生活研究，是建筑学、城市规划、城市社会学等学科交叉的部分[1]。

《美国大城市的死与生》是空间与生活研究的经典，简·雅各布斯从社会学的视角讨论城市规划、街道用途、街道与生活的关系，提出了人行道的用途、城市多样性的条件。扬·盖尔的《交往与空间》、《公共空间·公共生活》、《新城市空间》侧重于城市公共空间与公共生活的关系。中村攻的《儿童易遭侵犯空间的分析及其对策》使我对儿童的空间安全产生兴趣。王笛的《街头文化——成都公共空间、下层民众与地方政治，1870—1930》给我很多启发，使我更加坚定地认为街道与生活研究是有意义、有价值的。

简·雅各布斯和扬·盖尔的研究更贴近生活，更触及空间研究是为了人的生活这个主旨，然而雅各布斯关于多样性和人行道用途的观点并不像林奇的城市设计五要素和芦原义信的D/H那么被国内学者和设计者广为引用，有人认为这是由于当前国内业界比较偏好能够提纲挈领也就是能够总结的理论，在规划项目中城市结构常常被提炼成"几纵几横"或"几轴几带"即这种偏好的反映，五要素和D/H符合这一偏好，而雅各布斯和扬·盖尔等人的观点则相对复杂、不容易提炼。

我旁听过一位法国建筑师与国内建筑师的交流，发言人介绍到他设计儿童医院时对门把手的形状和高度能否适合小孩反复推敲，这时有人说："这不就是我们常说的以人为本么"。此后，"做孩子的门把手"经常引起我的思考，有一段时间成为我的专业座右铭，我认为"实际做到的以人为本"与"口头说说文本写的以人为本"不是一回事。城市规划、城市设计、建筑设计、景观环境设计都是对空间的设计，空间是为人而设计的，空间研究必须与人联系起来，过去叫为人民服务，现在叫以人为本。而为了人的空间设计和研究重要的部分就是为了人的生活：私人空间的私人生活，家庭空间的家庭生活，集体使用空间的集体生活（办公场所、单位大院、学校托幼、社区院落等），公共空间的公共生活（街道、广场、公园、景区、商业场所、文化娱乐场所、体育场馆、医院、交通枢纽等）等。有无生活的空间，比如遗址或废弃的空间，但没有无空间的

---

[1] 齐康老师曾在一个社会学者的会议上表达了这样一个观点，社会学者是研究"肉"的，我们是研究"壳"的，应该好好合作。这一观点得到了费孝通先生的赞同。

生活，每一个生活片段都必然发生在某个空间里，因而空间的设计和研究必须要思考人的生活、满足生活要求、为生活负责。存在忽视生活的空间，即空间造成生活不便，如一些空间由于时代变迁已经不能满足当前人的需要，还有一些空间的设计偏离了为人的生活服务这一本质，至少忽视了使用者的要求。"人与其生存的空间究竟是什么关系，简单的社会与经济决定论不能令人满意……但我们决不能忽视空间本身主体性和规律性的作用……这就需要我们进行空间研究，更好地了解空间，掌握规律。"[1]

街道方面的相关文献除了上面提到的著作，国外的研究有芦原义信的《街道的美学》和《外部空间设计》，侧重于美学和空间设计，以及街道的民族差异。凯文·林奇的《城市意象》中提到街道，侧重于作为路径对城市意向的要素作用，他在《总体设计》中提到的通路就是讨论街道的设计。吉伯德的《市镇设计》在市中心、购物中心、邻里、住宅区等分章节中涉及街道问题，侧重于设计。克利夫·芒福汀的《街道与广场》侧重于城市设计。《街道与城镇的形成》讨论街道建设标准的影响，表达了有什么样的街道就有什么样的城市的观点。

国内的研究比较集中于街道空间、街道规划和设计的方法准则、传统街区保护，一部分研究涉及人性化的街道空间设计但侧重于设计。如白德懋的《城市街道空间初议》、《城市街道空间剖析》，熊广忠的《城市道路美学》，薛珊荣的《城市交通工程与街道规划设计》，黄光宇等的《山地城市街道意象及景观特色塑造》，闫磊等的《找寻失落的空间——以典型地段为切入点重塑城市街道活力》，宋峰和陈平的《古城保护中的街道问题》。总体来说，对城市街道与城市生活关系的研究较少，对老城区街道进行具体实证的研究较少。

检索到研究街道的相关硕士论文共30篇，大部分为设计研究和通论式的研究，具体举例进行实证研究的较少，研究角度集中在空间、设计、人性化、景观、保护等方面，改造世界的研究多，认识世界的研究少，而认识性的论文多为无地域限制的通论，没有侧重于认识老城街道与生活关系的实证性研究论文。

对青岛的研究与空间或地点有关的集中在老城保护更新、城市规划、商业街改造、老建筑、城市文化等，相关论文有：李东泉《青岛城市规划与城市发展（1897—1937）》，刘敏《青岛历史文化名城价值评价与文化生态保护更新》，余凯思《在"模范殖民地"胶州湾的统治与抵抗》，李建东《城市住区居住品质研究》，曹立罡《青岛中山路历史街区的保护与更新探讨》，王

---

[1] 段进，等.世界文化遗产西递古村落空间解析.南京：东南大学出版社，2006：1

华刚《德占时期青岛建筑与规划思想探源》，许从宝《旅游城市的环境设计初探——兼论青岛城市环境建设》，周金凤《青岛德占时期租借地园林》，王嘉《青岛东部新区规划建设的双重尺度解读》，王洪涛《引入民俗学的城市旧区改造与更新研究》，李匡《城市旧区更新与复兴设计研究》，曹胜《德占时期青岛城市建设研究》。

关于青岛城市历史、文化、文学著作有：《青岛城市的形成》《青岛地图通鉴》《胶澳租借地经济与社会发展》《帝国主义与胶海关》《青岛市志 城市规划建筑志》《青岛世纪图志》《中德关系史译文集》《青岛近现代史》《青岛工人运动史（1897—1949）》《青岛百科全书》《青岛事典》《青岛数字全书》《青岛城市老建筑》《老街故事》《青岛八大关》《百年海韵 青岛中山路》《青岛文化地图》《老楼故事》《青岛老别墅》《老房子的记忆》《到青岛看老别墅》《名人故居》《岛城老字号》《青岛史话》《青岛文史撷英》《青岛历史上的今天》《青岛掌故》《青岛思往录》《青岛旧事》《琴岛勾沉》《任锡海摄影集：波螺蚰子·五角大楼》《青岛旧影》《青岛老明信片》《逊清遗老的青岛时光》《中国心灵》《青岛百吟》《客居青岛》《作家与青岛》《青岛记忆》《青岛故事》《青岛人家》《青岛民俗》等。

1.2　为什么研究街道？

街道是分布最广泛的公共空间，街道网遍布城市每一个部分、每一个角落。

街道是开放性最高的公共空间，绝大部分是任何人任何时候都可以进入的，极少有歧视或限制。

街道是使用频率最高的公共空间，普通市民几乎每天都要使用街道。城市中任何一个地点都很容易到达街道，是最方便使用的公共空间。

街道是最主要、最重要、最受注目的公共空间。

雅各布斯："街道及其人行道，城市中的主要公共区域，是一个城市的最重要的器官。试想，当你想到一个城市时，你脑中出现的是什么？是街道。"[1]
街道绝不仅仅是为机动车或为交通设计

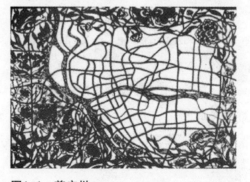

图1-1　剪广州
资料来源：荷兰艺术家彦·罗尤森和广州艺术家安卉根据广州地图做出的剪纸作品.城市中国，2006（11）：22

---

[1] [加拿大]简·雅各布斯.美国大城市的死与生.金衡山，译.南京：译林出版社，2005：29

的，更重要的是给步行的人和开展公共活动的人一个好的空间环境。近些年以交通为主导进行街道设计的观念是错误的，背离了设计的本质目标，本书3.5节专门讨论交通与街道的关系。城市的旅游图、交通图基本上就是街道图，城市从某种意义上来说是由街道构建的。

街道是城市的骨架（架），重要的街道成为城市轴线的载体（轴），并串联起城市的重要空间（核），街道两侧的建筑界面是城市的界面（皮），街道网络把建筑群体（群）编织在一起，街头生活从一个侧面反映出城市文化（魂）。逛街是人们认识城市的方式，人们通过观察和体验街道空间和街头生活来了解城市、认识城市、建立城市印象（城市意象）。

《街道的美学》、《街道与广场》、《街道与城镇的形成》、《美国大城市的死与生》都没有对街道下一个明确的定义，这个工作对我来说是困难的，我只能通过描述和引述大体说明本书研究的街道的范畴，本书研究街道是什么、不是什么。

在《现代汉语词典》中相关词语的含义如下：

街："街道；街市"。街道："旁边有房屋的比较宽阔的道路"。道的相关方面的含义是"道路"。

道路："地面上供人或车马通行的部分；两地之间的通道，包括陆地和水上的。"

街市："商店较多的市区"。街头："街口儿；街上"。街坊："邻居"。市井："街市；市场"[1]。

可见，道路比街道的含义范围更大，街道是道路的一种类型或者一个部分，道路注重于通行，而街道注重于旁边有房屋。"比较宽阔"是相对的，由于没有明确参照物，使其很难具有实际意义，巷的含义是"较窄的街道"，说明较窄的也是街道，这更使"比较宽阔"这个限制失去了意义。《街头文化》写道："在中文辞典中，'街'的定义是'两边有房屋的道路'，与'街道'完全相同。"[2]这里没有宽窄的限制，我们可以把注意力集中在"旁边有房屋"上来，街道词义注重自身空间与旁边空间的关系，这是本书强调并讨论的"街道及其两侧空间用途"在词义上的渊源。

鲁道夫斯基在《人的街道》中写道："街道不会存在于什么都没有的地方，亦即不可能同周围环境分开。换句话说，街道必定伴随着那里的建筑而存在……街道正是由于沿着它有建筑物才成其为街道。"[3] 讨论街道与道路的差

---

[1] 中国社会科学院语言研究所词典编辑室.现代汉语词典.北京：商务印书馆，1994：576，220，221，1046
[2] 王笛.街头文化——成都公共空间、下层民众与地方政治，1870—1930.李德英，谢继华，邓丽，译.北京：中国人民大学出版社，2006：13
[3] [日]芦原义信.街道的美学.尹培桐，译.武汉：华中理工大学出版社，1989：31

别是弄清定义重要的一步,在《街道与广场》一书中对于定义主要是讨论街和路的区别,指出路着重两地之间的运动,街道通常的意思是指城市或村庄中的道路,是相邻房屋之间的线性表面。[1]

街道是物质性的空间,《街头文化》中也提到了这一点。单纯的街道研究是物质空间的研究,是形态研究,而本书除此之外还要进行街道与生活关系即物质空间与社会生活关系的研究。《街头文化》突出"'街'是人们共用的公共空间",这也正是本书的重点:讨论街道作为公共空间与公共生活的关系。

青岛老城的路大部分都属于本书要讨论的街道的范畴,这些街道与旁边的房屋有紧密的关系,是公共空间。不属于这个范畴的包括高架路、地下道、人行天桥、立交桥,还有封闭小区内的路,其由于封闭而成为集体使用的半公共空间,失去了公共空间的属性。开放小区内由于布局不同,有些建筑与路的关系紧密就属于街道,例如台东,有一些不是,例如湛山小区的一些路,尤其宅间小路大多不属于街道。从历史的发展来看,在车少的时代生活性比较强但近些年交通性变强的路,曾经属于本书讨论的街道,现在越来越倾向于成为交通性道路,本书提及这种道路主要用于与生活性街道进行比较,以及讨论其自身变化的趋势。

1.3 为什么研究生活?

城市生活是城市的生命,没有生活的城市只是废墟,只有人们生活在其中,城市才是有生命的,只有人的生活是丰富的,城市才是精彩的。简·雅各布斯说:"城市永远不会成为艺术品,因为艺术是生活的抽象,而城市是生动、复杂而积极的生活本身。"

街道与生活的研究属于公共空间与公共生活的研究,是关于空间与人的研究。《公共空间·公共生活》在前言中强调其呈现的"不仅是如何去研究城市所提供的空间,更重要的是如何去研究城市中的生活,以及空间的质量与城市生活的特色是如何相互关联的"[2]。街道是公共空间,生活是人的生活,是所有存在于城市中的市民、打工者、游客的生活。通过市井街道可以看到青岛人最平常的生活世界。王笛认为街头是城市中最受注目和使用率最高的公共空间,"下层民众的日常生活与街头有着紧密联系,他们创造并生活在这种文化之中。城市居民,特别是社会下层,依靠街头

---

[1] [英]克利夫·芒福汀.街道与广场.张永刚,陆卫东,译.北京:中国建筑工业出版社,2004:139
[2] [丹麦]扬·盖尔,拉尔斯·吉姆松.公共空间·公共生活.汤羽扬,王兵,戚军,译.北京:中国建筑工业出版社,2003:5

谋生、娱乐和举行庆祝活动。"[1]从青岛老城"建筑+街道",到东部新城"小区+大马路",是生存的空间形式的变化,更是生活的变化。

空间设计的三重境界:

第一重,平面鸟瞰美;(关注平面构图和鸟瞰景观的设计。)

第二重,我在其中走;(小约翰·伍德在他1781年的著作中指出:"为了使我成为自己课题的主人,我必须感到自己就是小住宅的主人……一个建筑师如果没有合理地将他自己作为身临其境者,他绝不可能组成一个使用方便的平面。"[2])

第三重,满足使用者。(汉宝德关于大乘建筑观的演讲。)

"城市并不仅仅是房屋和街道、店铺和城墙。如果没有人,再好的城市,也不过是一座'死城',又有什么好读的。那么城市里的人又有什么好读的呢?可读的是他们的'活法'。……不同城市中的人,就有不同的活法,即生活方式;也有不同的个性,即文化性格。"[3]不研究人的生活怎么能设计好的人的空间,不研究公共生活怎么能创造好的公共空间,不研究街头生活怎么能改造出好的街道空间?中国与欧洲的公共空间不同,是不是因为公共生活不同?也许是公共生活的需要决定了公共空间,或者是两者互动作用。丹麦哥本哈根的广场上可以看到人们躺在地上享受阳光,这与我们身边常见的广场上的活动大为不同。

生活是那么复杂,是每个人用了一生去理解的,更何况要研究不同人群的生活,本书选择几个部分、几个角度去研究物质空间与社会生活的关系,也许可以窥其一斑。本书讨论的主要内容是公共生活和日常生活,并不限于环境行为学。

1.4 为什么研究青岛老城?

青岛1897年被德国占领,是在甲午战争后帝国主义瓜分中国的狂潮中产生的5个租借地之一,十余年间成为东亚最好的港口城市,20年后又成为综合性的区域经济中心,经历了日本两次占领,是第一次世界大战在亚洲唯一的国际战场,是五四运动的导火索,至1934年青岛港进出口贸易总额名列第三,居上海和天津之后;1937年是4个直辖市之一;1947年工厂数和工人数与广州并列第三位,居上海和天津之后。青岛是在中国近代史上具有重要历史地位的城市。[4]

被称为"中国近代第一城"的南

---

[1] 王笛. 街头文化——成都公共空间、下层民众与地方政治,1870—1930. 北京:中国人民大学出版社,2006:2

[2] [美]埃德蒙·N 培根.城市设计.黄富厢,朱琪,译.北京:中国建筑工业出版社,2003:29

[3] 易中天.读城记.第3版.上海:上海文艺出版社,2006:30-31

[4] 李东泉.青岛城市规划与城市发展研究(1897—1937):[博士学位论文].北京:北京大学,2003:4,5,7,11

通走的是"源自中国本土采纳先进文化的城市现代化道路"[1]，而青岛是帝国主义通过强占的方式建设现代城市的样本，这两个城市是一对案例，一个是本土自发的现代化，一个是外来移植的现代化。胡俊博士以导致城市发展变化的动力因素为分类标准，将中国近代城市的空间结构特征划分为四种基本类型[2]，青岛和南通分别是完全殖民资本促进型和民族资本显著促进型的典型案例。

"从城市规划角度看，则青岛最突出的特点在于它是中国近代最早一个制定了完整的具有现代意义的城市规划的城市，是一个在一开始就按照符合现代城市发展方向的规划进行建设开发的城市，并且是体现规划从制订到实施以及后期影响这一完整过程的典型代表。这是中国近代城市发展史中非常难得的案例。"[3]青岛完整地体现了从规划到实

图1-2 窦世强，窦世伟 画作《青岛前海风光长卷（局部）》
资料来源：青岛风光游览图.青岛：海洋出版社，2006

---

[1] "南通是中国早期现代化的产物，它不同于租界、商埠或列强占领下发展起来的城市，是中国人基于中国理念，比较自觉地、有一定创造性地、通过较为全面的规划、建设、经营的第一个有代表性的城市。"吴良镛.张謇与南通"中国近代第一城"//南通市文化局.南通"中国近代第一城"研究文集.南通：南通市文化局，2003：1-16；于海漪.南通近代城市规划建设.北京：中国建筑工业出版社，2005：3
[2] 胡俊.中国城市：模式与演进.北京：中国建筑工业出版社，1995：161；李东泉.青岛城市规划与城市发展研究（1897—1937）：[博士学位论文].北京：北京大学，2003：6
[3] 李东泉.青岛城市规划与城市发展研究（1897—1937）：[博士学位论文].北京：北京大学，2003：7

施的全过程,并在规划的指导下实现一个现代城市的从无到有,真实地反映了城市规划对城市发展的作用。在这个角度上,青岛可以与没有明确规划而自发生长的城市进行比较研究,对于丰富和明确城市发展理论、城市规划理论具有意义。

电视节目《台商故事》有一期讲1990年代一个房地产商在北京开发别墅区,寻找卖点时注意到小区位于北京的中轴线上,于是以龙脉为卖点成功营销,几年后,这块地被政府看中,重新买回去拆除用于建设"鸟巢"体育馆。值得反思的是当年这块地为什么可以拿出来做别墅用地?"当前在许多城市中旧城的改造和更新工作进行得太快、太仓促,缺乏全面的考虑。特别是在历史文化名城中,更缺乏认真的规划指导,而有些规划也欠完善,更需要我们花时间去研究。"[1]青岛1992年政府东迁开发东部,是历史文化名城保护和发展的经典案例。在1990年代兴起大规模城市建设和改造的热潮中,青岛虽然也有很多建设性破坏,但青岛老城相比于很多城市算是保存得比较好的。近二十年青岛一方面经济发展迅速,1984年成为14个沿海开放城市之一,还成为计划单列城市和15个副省级城市之一,2003年中国城市竞争力排行榜位列12位[2],另一方面青岛的城市特色依然存在而且鲜明,互联网上投票被选为最适合居住的城市和最向往的城市。

梁思成先生在《青岛》的序中写道:"但是青岛好,好在哪里呢?怎样好法?……什么是不好的呢?怎样不好法?……在已经和正在改变中的青岛城市有什么优点?什么缺点?""这些更是值得我们好好思考的问题。可以说,这是中国近百年和现代建筑史中的一个城市的研究。""我们以青岛作为一个半封建半殖民地的典型城市——一只麻雀——来学着做一次'解剖'。"[3]刘敏认为青岛在城市建设各历史时期均遗留有大量文化遗产,同时具有临海丘陵的自然环境特征,以及人工与自然融合的独特城市风貌特色,青岛旧城存在多处富有情趣的生活性道路空间,街道或人行道常被作为半私用空间,赋予街道空间活力[4]。

一些学者认为青岛的城市空间研究太少,以往的比较大的调查研究,一次是1958年的中国建筑学会委托同济大学金经昌教授和该校师生以及青岛分会、济南分会进行的城市建设调查,一次是1989年青岛建筑工程学院进行的青岛近代建筑调查,近些年有一些博

---

[1] 阮仪三.旧城更新和历史文化名城保护.城市规划,1996(1):8;陈泳.城市空间:形态、类型与意义——苏州古城结构形态演化研究.南京:东南大学出版社,2006:1
[2] 李东泉.青岛城市规划与城市发展研究(1897—1937):[博士学位论文].北京:北京大学,2003:3
[3] 中国建筑学会,中国建筑学会青岛分会.青岛——中国建筑学会专题学术讨论会的报告.北京:建筑工程出版社,1958
[4] 刘敏.青岛历史文化名城价值评价与文化生态保护更新:[博士学位论文].重庆:重庆大学,2003:3

士论文、硕士论文和历史名城保护规划等项目研究，但总体上还是太少。由于研究缺乏，以至于一些历史街区和历史建筑类型还没有进行深入研究和评价，没有进入保护规划，造成了在城市建设和老城改造中出现了一些破坏性建设。1992年开始了大建设时代，青岛进行了城市结构调整，成功地把建设资金引向新区，有效地保护了老城。但2006年前后改造资金重新回流老城，出现了一些大规模的改造规划，计划成片拆除历史街区和建筑，建设大量高层建筑。对青岛老城的研究即任重道远又火烧眉毛，青岛老城街道是历史痕迹的一部分，对现存物质空间的研究是青岛史研究的一个角度[1]，是研究历史文化名城保护的一个角度。

"如果我们能够分析过去良好城市街道与广场的特性，也许我们就可以在未来的发展中，复制一些相同质量的东西，不是原样照抄，而是使用那些手法中的原理。"[2]分析、梳理青岛老城的街道特点，可以丰富和完善青岛本地的城市设计的依据和准则。青岛老城规模大，本书只选出一部分有代表性的或独特的街道和街区来讨论，本书不追求也没有能力追求全面，只能追求在几个笔者认为重要的地方"挖下去"，然而这些地方又已经很多。应该说是有遗憾的，但也有收获。研究青岛，研究街道与生活，研究公共空间与公共生活是长期的事情。

1.5 研究范围

由于能力有限，不能对老城进行全面而又深入的研究，本书在总体结构方面的研究如生长、骨架等以老城为范围，在具体道路方面的研究选取有代表性的街区和街道。

老城的研究范围，参考《青岛地图通鉴》中的1964年《青岛市区图》、1941年《青岛特别市市街图》和1947年《青岛市街道图》，定为延安三路—大成路—海泊河这一条线以西以南。海泊河是青岛早期城市发展的一道地理界线，新中国成立前的主体城区建设向北至海泊河，向东到延安三路为边界。本书设定的老城研究范围与青岛的历史文化名城保护规划的范围大体吻合。书中提到的新城区部分用于与老城作比较。

选取老城具有代表性的中山路、观海山、小港、鱼山、八大关、台东六个街区，从区位、地形、建筑类型、建成时代、保护与改造程度方面，大体涵盖青岛老城街区与街道的基本类型。

---

[1] 青岛本地对于青岛历史的研究不够多，据到日本考察过的周兆利说，有三个学术机构约100人研究山东半岛历史，重点是研究青岛历史，已经出版多部著作，并召开多次研讨会，也许一段时间后青岛史研究的主要阵地会转移到国外。这应该给从事青岛研究的人带来危机感。档案馆有大量的历史建筑档案，但却很少有研究建筑和城市的人去翻阅。

[2] [英]克利夫·芒福汀.街道与广场.张永刚，陆卫东，译.北京：中国建筑工业出版社，2004：13

区位：中山路街区是老青岛最重要的城区部分，台东在建城初期是郊区，观海山是位于城区的庭院建筑住宅区，鱼山和八大关是城区边缘的别墅区，小港街区是靠近港口的职员和工人居住区。

地形：中山路、小港位于狭长的平原地带，台东、八大关的地势较缓，观海山、鱼山是山地地形。

建筑：中山路有很多公共建筑也有里院，小港是里院建筑，八大关、鱼山、观海山是庭院建筑，台东是多高层住宅和商业建筑。

建设时代：中山路为德占时期开始建设，后来进行了加建和改造；鱼山、小港为日占时期建设；八大关为国民政府时期建设；台东基本延续了德占时期的路网但建筑为1980年代后拆除原有的平房重建的。

保护与改造：八大关是最有可能受到长期保护的街区，鱼山、观海山属于保护范围，中山路核心区既保护又改造，小港街区在笔者2006年调研时面临改造，2008年拆除，台东已经重建完成。

研究涉及街道两侧的空间用途（建筑和绿地等）。街道除交通等功能依赖于路面以外，其特点、功能、性格、品质很大程度上取决于两侧的空间用途，两条街道之间的差别主要体现在两侧的建筑绿地等的差别，一条道路的变化也主要是两侧空间用途的变化。简·雅各布斯认为人行道孤立来看并不重要，只有在与建筑物以及它旁边的其他东西或者附近的其他人行道联系起来时，它的意义才能表现出来[1]。

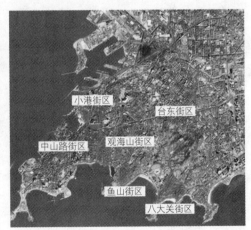

图1-3 老城位置
资料来源：根据Google Earth网站地图绘制

图1-4 老城研究范围和代表性街区
资料来源：根据青岛测绘院航拍地图绘制

在时间范畴上主要是研究当前（2006）的空间状态，由于对象是老城，很多地方的变迁和延续有历史原因，更重要的是这些老城空间与各个时

---

[1] [加拿大]简·雅各布斯.美国大城市的死与生.金衡山，译.南京：译林出版社，2005：29

期的青岛人生活进行了几十年到百年的互相支持、否定、修改和互动，具有讨论的价值，与当前的情况作比较选取青岛城市建设中的重要时期德占时期（1897—1914）和第一次国民政府时期（1929—1937）。老城街道网主要形成于德占、第一次日占、第一次国民政府时期，此后很多街区经历改造，除历史街区外，大多房屋已经拆除重建，街道界面和空间形态发生变化。

以当前的路名为准，在讨论不同历史时期时必要的情况下注明当时的路名。

1.6 研究方法与材料

研究方法：实证，空间分析，比较。

本书宏观上从历史和城市结构入手，中观上进行街道空间分析和用途研究，微观上着眼于街道生活，以实证、空间分析以及比较的方法梳理出青岛老城街道系统的特点、街道及两侧空间用途，追寻日常生活、公共生活与街道空间的关系。

用比较的方法容易找到差别与联系，生活的差异常常与空间的差异有关，这里的生活和那里不同，常常关系到这里与那里的空间不同，通过比较差异，寻找空间与生活的联系。

材料：调查和观察，访谈，规划建筑类著作，文史类著作，民间文学，报纸以及网络资料。

由于本书注重的是街道与生活的关系，所以在使用文史类资料时没有严格的考证历史资料的准确性。网络资料的使用分两部分，一种是引用政府、档案馆、图书馆和新闻网站的资料，这种资料可信度比较高，相当于报纸资料。另一种是论坛内的讨论，我把这些讨论看做类似于访谈资料使用，不具备权威性，但确实有一些人是这样说的。本书引用了较多的非专业和非学术资料，如报纸、网络、谈话、文史类、文学作品等，这是由于本书要讨论的是公共空间与公共生活，要了解当地普通人的公共生活，沉浸于专业和学术文献中是不够的，还要到当地民众中去，看老百姓的报纸，听普通人的谈话，体验普通老百姓的街道空间和街道生活。本书研究试图找到街道与生活的关系，也试图找到空间研究与日常生活的关系，基于日常生活的空间研究可能会更深刻地反映空间设计的本质意义。

第2章　青岛老城街道系统的空间分析

2.1　街道的生长

青岛街道的生长与城市的形成是相伴的，街道的生长史是城市建设史的一部分，城市建设从规划到落实是从街道开始的，房屋建设大多情况是在街道之后。

青岛口作为商贸港口存在从明代就开始了，清政府于1891年设总兵衙门，被认定为青岛的城市建制之始。德占之前青岛已不是荒僻的渔村，而是繁华的城镇[1]。胡存约《海云堂随笔》中记载，1896年10月，青岛口有商铺61家，1897年已有71家。从经营项目看，大多是手工业、餐饮服务业和航运贸易业[2]。天后宫里的一块石碑，记载了当时市街和船舶的繁荣景象。衙门、商铺和下青岛村都在东关街旁，所以东关街是当时最重要的街道，是青岛的第一条城镇街道（今大学路）。另外两条早期道路是莱阳路和太平路[3]。

"以老衙门为中心向东北方向伸延出四条大道……尽管这四条路仅仅是可通骡马车的土路……但却为后来青岛纵

图2-1　青岛口与东关街
资料来源：自绘；根据青岛市区规划图（1898），青岛及周边规划图（1901），见：青岛市档案馆.青岛地图通鉴.济南：山东省地图出版社，2002：52—55；青岛建置示意图，见：魏世仪，鲁海.百年海韵·青岛中山路.北京：解放军文艺出版社，2002

---

[1] 总兵章高元为二品武将，与省级官员巡抚平级。驻官兵3000人，按照现在使用的非农人口比例来认定城镇的方法，当时的青岛应该是城镇（商埠和军事要塞）。根据中心地理论，村很难支撑坐商，所以才会有定期流动的集，存在60~70家坐商就说明已经不是村了。从一些早期的外国文献到一部分当代学者认为青岛在德占之前是小渔村的说法是不对的，一个开展海上贸易，驻扎3000官兵，有海关、庙宇、衙门、满街商铺（旅馆、鞋帽店、纱布绸店、酒馆、代买船票等）的地方不会是以捕鱼为产业的小渔村能够呈现的。

[2] 在航运贸易方面，北与牛庄（今辽宁省营口）、西与安东卫、石臼所、胶州、海州（今江苏省连云港）、南方远至江淮、闽浙，国外同朝鲜等均有贸易往来。张蓉，逄爱华.青岛早期富商——胡存约其人其事[EB/oL].（2006-07-09）.http://www.qingdaonews.com/gb/content/2006-07/09/content_7236229.htm

[3] 随着商贾往来与人口流动的日渐增加，将会前村、青岛税卡与上下青岛村连成一线的羊肠小路渐渐通阔起来，形成了莱阳路，时称会前街。1893年设为军用的青岛前海栈桥启用，从栈桥到老衙门之间逐渐形成了另一条早期道路——太平路。青岛市档案馆.青岛地图通鉴.济南：山东省地图出版社，2002：68

横南北，贯穿东西的市街格局勾画出最早的框架。"[1]当时是通往村庄的外部道路，后来逐渐成为城市的主干道路，其中三条向北、一条向东，青岛日后形成了南北方向联系强、东西方向弱的干路网，以至于到了21世纪初为完善快速路网修建了两条东西方向的高架快速路，这种问题在19世纪末的总兵衙门时期就初现端倪。

德国殖民政府占领青岛后统一收购土地，对规划范围内的9个村限期迁出。"欧、华分区建设是德国殖民政府规划青岛的一条根本原则。"[2]余凯思描述了在殖民地内部形成了三种区域：中心地带的"欧洲人城区"；边缘地带的"中国人城区"、台东镇、台西镇；外围地带的农村。其间，存在着事实上的不同法律和行政制度。"随着空间等级制的形成，对各种资源的支配权也受到调整。城市中心的生活水平、收入、医疗护理和卫生设施最高，最为发达，并向外逐渐呈现递减状。就是在政治上，层次划分也十分显著。……殖民体系引进了一系列等级式区别措施，为各个群体规定了不同的生活关系、机遇和权利，它所运用的强制手段也程度各异。"[3]正是由于欧华分治和欧华分区造成了青岛城区街道的巨大差别，在区

图2-2 德占时期的分区
资料来源：自绘；根据青岛及周边规划图（1901），见：青岛市档案馆.青岛地图通鉴.济南：山东省地图出版社，2002：55；青岛市史志办公室.青岛市志 城市规划建筑志.北京：新华出版社，1999：19-20；[德]余凯思.在"模范殖民地"胶州湾的统治与抵抗.孙立新，译.济南：山东大学出版社，2005：264-265

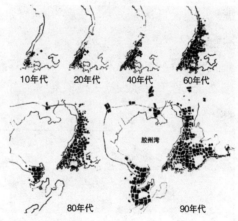

图2-3 城市用地演变
资料来源：刘敏.青岛历史文化名城价值评价与文化生态保护更新：[博士学位论文].重庆：重庆大学，2003：32

---

[1] 一由老衙门经四方、水清沟至沧口；二由老衙门经贮水山麓岔出，过河西，达李村；三由老衙门经贮水山麓岔出，再至河西岔出，过韩哥庄到达李村；四自张村经宅科、小崂山、姜哥庄，至沙子口。青岛市档案馆.青岛地图通鉴.济南：山东省地图出版社，2002：68
[2] 青岛市档案馆.青岛地图通鉴.济南：山东省地图出版社，2002：68
[3] [德]余凯思.在"模范殖民地"胶州湾的统治与抵抗.孙立新，译.济南：山东大学出版社，2005：264-265

位、街区形态、肌理、路网密度、街段长度、街道尺度、沿街建筑、基础设施等很多方面形成明显区别，当时的城市形态就是政治、经济、种族、等级和社会生活的反映。"青岛的建筑样式充分展现了要发展一套特殊的、德国殖民建筑风格的努力。青岛欧洲人城区宽敞的设施和乡村田园般的建筑都广泛采用了现代的科学技术和装备。……中国人居住的区域情形完全不同。大鲍岛、台东镇和台西镇的建筑结构明显反映出城市密集化的特点，主要是从经济和赢利的角度设计建造的。"[1]德占时期的建设量比较大，建设速度很快，这是由于青岛是德国谋划了50年在中国获得的第一个据点，德国决心建设一个模范殖民地，规划和建设目标都长远，资金投入比较顺畅。

台东镇和台西镇为了在发生瘟疫时可以"迅速而无重大损失地撤离"，由"规则整齐的街道四方形"构成，街道被设计得比较宽，各个街区又划分成小块，人们可以建造不超过三层的房屋。为避免居民过分拥挤只允许在75％的地面上建造房屋。这两个地方主要作为从周边地区涌入殖民地的中国工人的居住地，在大鲍岛区，殖民当局借助于高价出租费达到只有富裕的中国人家庭才能在这里建房居住的目的[2]。

比较表2-1、图2-3、图2-4可以发现：图2-3不同年代的分图中1980年代相比于1960年代用地规模扩大得不多，所以用地拓展大的5个阶段正是与表2-1中街道建设量大的5个阶段吻合的。图2-4中街道生长明显的是1913、1922、1935、1964、1993，与前述5个阶段吻合。

其中德占时期、第一次国民政府时期、开发东部后三个阶段，也被认为是"青岛城市发展史上的三次飞跃"。[3]

表2-1 街道建设

建设阶段	年代	街道建设量	主要内容
清总兵衙门时期	1891—1897	小	城镇形成，主要街道东关街，早期道路会前街、太平路，修建了4条到沧口、李村、沙子口的郊区道路
德占时期	1897—1914	大	德占时期共修筑75条街道，到1908年，已建成的街道58公里，1913年在市郊和农村共建成街道370公里

---

[1] 博克曼1913年第480-487页，华那1994，周荃1992年第373页及以下数页有关于德国统治下的青岛市区城市化的论述。转引自[德]余凯思.在"模范殖民地"胶州湾的统治与抵抗.孙立新，译.济南：山东大学出版社，2005：254

[2] [德]余凯思.在"模范殖民地"胶州湾的统治与抵抗.孙立新，译.济南：山东大学出版社，2005：268

[3] 李东泉，徐飞鹏.青岛城市发展史上的三次飞跃——兼论城市规划与城市发展的关系.城市规划汇刊，2003(01)：37-44

续表

建设阶段	年　代	街道建设量	主要内容
第一次日占时期	1914—1922	大	新疆路以北以东的新街道不断开辟，益都路、吉林路等街道相继修成。台东镇增加了新街道威海路、台东一路、桑梓路等，沟通鲍岛区和台东镇的主干道辽宁路形成。"到第一次日占结束时止，青岛的市街规模几乎扩大了三倍。"原有和新建共计196条街道。日本人在靠近四方和沧口火车站修建了一些工厂，厂外街道网络却相当不完整，唯一连接市区的道路就是四流路的前身"大马路"，造成有建筑没有城市街道的现象
北洋政府时期	1922—1929	小	派系斗争激烈顾不上市街建设，只在台西、太平角一带新辟道路十几条，还有一些局部修整
第一次国民政府时期	1929—1937	大	城市建设区向原来的郊区拓展，开发了鱼山、八大关、团岛、台东附近。在鱼山开辟金口一二三路，规划建设八大关别墅区，台西增辟团岛一路、团岛二路、台东五路，台东开辟埕口路、长春路、台东六路等
第二次日占时期	1937—1945	小	新辟道路很少
第二次国民政府时期	1945—1949	小	市政建设和维护近于停滞
新中国成立后至开发东部	1949—1992	大	开辟了抚顺路、兴隆路、永平路等街道，使四方沧口一带自日人建厂以来开始出现市街轮廓。二五期间修建小白干路、遵义路。"文革"期间修建金华路、瑞昌路，延长湛流干路。十一届三中全会后，青岛市街建设进入全面恢复和发展街段，进行了翻修、拓宽、打通等工作，修建了环胶州湾高速公路，构架形成北部交通网。1980年代初期开辟南京路、山东路、江西路、宁夏路
开发东部以来	1992—2006	大	1993年翻修拓宽湛流干路（后改称香港路）。1997年拓延东海路。1999年福州路北端打通。东部新区道路框架基本形成。2002年开速路一期建成，2003年快速路二期建成。2006年第二条快速路通车

本表根据以下资料整理：青岛市档案馆.青岛地图通鉴.济南：山东省地图出版社，2002：68-70；鲁海.老街故事.第2版.青岛：青岛出版社，2003；[德]余凯思.在"模范殖民地"胶州湾的统治与抵抗.孙立新，译.济南：山东大学出版社，2005：254

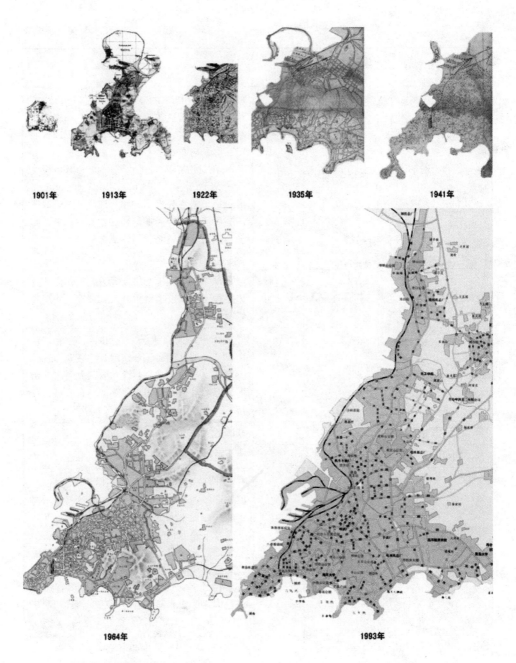

图2-4 城市街道的生长

资料来源：青岛市档案馆.青岛地图通鉴.济南：山东省地图出版社，2002：71,107,73,78,84,31,119

1899年规划所确定的铁路、港口、欧人区华人区等重大功能在建设中没有变，街道的网格尺度和大部分街道的走向、位置、形态也没有变，调整变化的是局部街道：安徽路很可能是由于地形特征修改为两股路夹着一个带状绿地（这里早期叫做大花沟，后来逐渐用垃圾填平了）；华人区规模扩大，并在过

 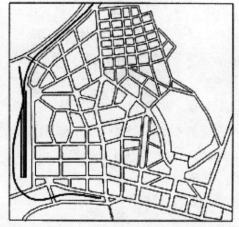

图2-5　1899年的市区规划图与1906年的建成图比较
资料来源：李东泉.青岛城市规划与城市发展研究（1897—1937）：[博士学位论文].北京：北京大学，2003：63

渡地带也形成了道路。

　　规划中的华欧过渡地带是观海山向西北方向的余脉，地势东南高西北低，走黄岛路可以感受到这种地势特征，规划可能试图利用这种地貌来分隔华欧两区，但在建设中发现华人区的用地规模需求大，从1901年的《青岛城市中部和大鲍岛区图》上看华人区已经建设了一半，远比欧人区建设速度快，因此拓展了华人区并将过渡区也划分道路连接南北两侧。前两项在1901年的地图上已经修改了，但火车站东侧仍然是方格网规划，1906年图中火车站东侧至河南路的方格矩阵路网改为以警察局六边形地块为中心，并形成两条以警察局为对景的街道。

　　此后的国民政府1935年的规划《大青岛发展计划图》和日本占领当局1941年的《青岛母市计划图》由于战争影响基本没有实施。

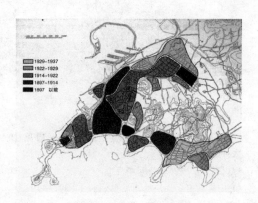

图2-6　建设时序
资料来源：李东泉.青岛城市规划与城市发展研究（1897—1937）：[博士学位论文].北京：北京大学，2003：117

2.2　街道网络与城市结构

2.2.1　从街道网络看青岛城市发展的天然门槛

　　德占时期首先使用最好的地段：前海沿岸、平坦地带和山丘南面。平坦地带是中山路两侧的狭长地带，山南是信号山南麓（原来的上下青岛村的位置）和观海山南麓。后续的发展阶段日占、北洋政府和国民政府时期，城市建设区沿胶济铁路发展轴向北拓展，包括商业、工业和平民住宅，向东镇、西镇两翼伸展，并最终连接成片。但高档居住区依然力图占用较好的地段，向东开发鱼山、汇泉湾，在1930年代开发八大关、太平角[1]。土地拓展的方向总是先向北再向东，沿胶济铁路发展轴向北发展是首位的，向东是由于土地经济性，是第二位的。青岛从1891到1992年这百年里基本上总是保持南北狭长的带形城市形态，但并不是保持固定宽度只增加长度，每当向东拓展比继续向北更经济更方便时，就会向东推进，度假区、别墅区、疗养区、高档住宅和商务区总是力图占据前海一带的土地，产生了向东拓展的动力，于是青岛的带形城市在变长

图2-7 第一道天然门槛：贮水山—青岛山—太平山

资料来源：根据1901年青岛规划分区绘制，见：李东泉.青岛城市规划与城市发展研究（1897—1937）：[博士学位论文].北京：北京大学，2003：70

图2-8 第二道天然门槛：海泊河

资料来源：根据约1949年青岛市道路详图绘制，见：青岛市档案馆.青岛地图通鉴.济南：山东省地图出版社，2002：87

的同时也在变宽。

城市发展的天然门槛是有条件的情况下可以跨越的屏障。在青岛城市发展的第一个大建设时期——德占时期，城区街道网集中在欧人区和华人区几平方公里的土地上，城市发展的第一道门槛是连绵的山体地带：贮水山—青岛山—太平山，德殖民当局在青岛山和太平山建设炮台防御体系，可见当时是把这个地带作为城市边界的。虽然这时信号山和观象山北麓建设很少，但这两个山头是作为城区内的公园类型的山头看待的，总督官邸建设在信号山东麓就很说明问题，这两座山北麓是城区发展的备用地。

日占时期和第一次国民政府时期，城市建设跨越山体地带，将原来的郊区台东镇和八大关、太平角纳入了城市区，到达第二道天然门槛：海泊河。新中国成立前跨海泊河的道路只有3条，从

[1] 八大关主要修建于1930年代，是国民政府时期中国人规划建设的街区，虽然有一些建筑是由外国建筑师设计的，但并不是德占时期的，很多人甚至中国国家地理杂志误以为八大关是德国留下的殖民风情。

图2-9 第三道天然门槛：孤山—北岭山—嘉定山—双山—夹岭山—浮山
资料来源：根据1964年青岛市区图绘制，见：青岛市档案馆.青岛地图通鉴.济南：山东省地图出版社，2002：31

图2-10 第四道天然门槛：李村河
资料来源：根据1993年青岛市中心城区交通路线图绘制，见：青岛市档案馆.青岛地图通鉴.济南：山东省地图出版社，2002：89

当时的城市街道图看海泊河南侧台东附近的路网已经比较完整，而海泊河北侧没有形成城市路网，还处于郊区状态。跨河发生在新中国成立后，1960年代城区就与河北侧的四方一带连成片。现在跨河道路已经很多，从南京路到温州路4公里的河道有跨河道路10条，间距一般400~840米，也有200~300米的，这样的跨河道路数量和间距说明两岸已经结合得很紧密了。

第三道门槛又是一个连绵的山体地带：孤山—北岭山—嘉定山—双山—夹岭山—浮山，1935年国民政府的《大青岛发展计划图》和1941年日占领政府的《青岛母市计划图》这两个规划都想把主体城区拓展到这个山体地带。但从1964年的街道图看到，城市建设跨过海泊河以后集中在孤山和北岭山南麓的四方一带，从两山之间穿越向北连接水清沟一带的道路只有小阳路（现在的四流南路），小白干路（现在的重庆路）虽然也从嘉定山一侧向北延伸，但这条路两侧直到1985年《青岛市街区简图》上也没有其他街道连接形成路网，基本上是外部交通。由于胶济铁路发展轴的影响，向北的发展和跨越门槛总是比向东要早，直到1992年大规模开发建设东部之前，城区向东一直没有到达浮山，东部以疗养院和菜地为主。

第四道门槛是李村河—张村河，河北侧由于铁路和工厂的发展较早就形成了如同飞地的沧口，其位置靠近沧口站，规律与四方靠近四方火车站、水清沟靠近沙岭庄火车站一样。原来的崂山县驻地李村，与沧口、水清沟在1960—1980年代一直是三块飞地，1990年代连接道路增多，建成区大体连成片，呈现出局部突破李村河的形态，张村河附近的建设到2006年仍在进行，河北侧的路网基本形成。但跨过张村河的路，从李村河与张村河口到青银高速约4公里河道上有7条，其中高速和干道就有4条，与海泊河相比低级别的跨河道路少，路间距一般900~1100米，李村河与张村河口到入海口4公里左右只有一条干道和一条高速公路。跨越李村河的南北联系主要靠干道，造成干道压力大，经常在高峰时堵车。

第五道是城区西面的胶州湾，南面的前海—黄海是城市的界限而不是门槛，无法跨越，然而西面的后海—胶州湾是有可能跨越的，只不过门槛太高，只有到了经济实力强而用地又紧张的情况下才会跨越，1980年代试图向西跨过胶州湾发展黄岛的动作成效不大，最近几年的黄岛开发就比较有效了，建设两座跨海大桥和一条过海隧道的计划将逐步付诸实施，这也是大青岛一湾两翼构想的重要步骤。

第六道天然门槛是崂山，21世纪最初几年城市开发到达崂山脚下，前海可建设的土地基本用完，建设用地极其紧张，甚至出现同时批给几家的情况。青岛主体城区呈现出一个三角形，也就是把地理意义上的半岛建设完毕，正是由于城市发展向东受崂山阻碍，才掉过头来向西跨越胶州湾大规模开发黄岛。跨过崂山的宏大计划，从大青岛五个组团发展的构想中可以体现出来，要依靠仰口隧道等工程，向东连接鳌山卫组团和田横组团。

2.2.2 街道网能够对城市造成持久的影响和难以磨灭的烙印

1900年开始规划和建设的城区街道网至今沿用，可比较图2-5和图2-12，西至火车站，东至江苏路，北至沧口路，南至海边，这个范围内的街道网100年来变化很小，路面材料虽然发生了变化，有的局部地段由于建设高层建筑而改变了街道空间比例、街道界面和步行感受，但街道位置、宽度、密度、街段长度基本上不变。华人区呈现方正规矩的小格子路网，欧人区呈现大格子路网，道路走向有时因地形而变化，不像华人区那样规矩。这是德占政府华欧分治形成的空间差异，是政治经济和社会结构的反映。总督府前的放射道路是加强其与各部分

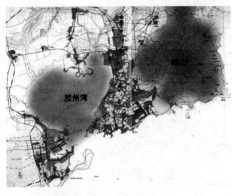

图2-11 第五道天然门槛：胶州湾；
第六道天然门槛：崂山
资料来源：根据1995年青岛市总体规划图绘制，见：青岛市档案馆.青岛地图通鉴.济南：山东省地图出版社，2002：65

图2-12 欧人区和大鲍岛区路网到20世纪末基本沿用
资料来源：1990年代中期地形图.青岛市测绘院

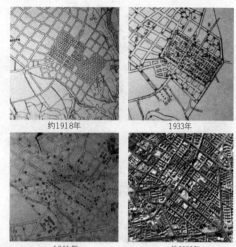

图2-13 不同时期台东街区图
资料来源：青岛市档案馆.青岛地图通鉴.济南：山东省地图出版社，2002：72，23，85；青岛市测绘院航拍地图

的关系，是行政机构这一城市特殊空间在街道网形态上的体现。在日占时期和之后建设的城区街道大部分也是沿用原有的。

台东的密方格街道网于德占初期形成，从不同时期的街道图比较可以发现，之后几十年很少有变化，而日占时期台东附近没有用台东镇的路网密度拓展，而是从台东街道网每隔一条路向西延伸出来，放大了街坊大小，大约是原来的四倍。1970年代末—1990年代，台东进行了拆迁改造，建筑从1~3层变为6~7层，路网大部分仍然基本沿用并加宽，一些建筑跨越几个街坊改变了路网的局部，使得路网密度下降，与周围路网密度的差距已经缩小。台东在20世纪末成为青岛首位的商业区，在空间形态上，台东的密方格街道网对于形成一个大型的商业区极为有利。

日占时期在四方和李沧沿铁路修建工厂，只修干道接进工厂，不注意厂外路网的完整，造成四方和沧口的工厂区附近有很多尽端路，街道网的整体性和网络性差，这种烙印今天还是能够看到。小港与二层建筑相适应的路网，目前进行的改造规划将会把建筑大部分拆除，但路网仍然保留用以为高层建筑服务。

1950年对于东部城区所做的是疗养院规划，初步形成东部路网，几十年来用地性质和强度虽然变化，但路网保留下来[1]。土地性质和强度是一段时期的影响，过了这个时期可能会发生土地置换，还可能改变开发强度，而街道网的影响长期存在。

---

[1] 拜访青岛市原规划局总工金修霜，她谈到城市规划对青岛城市的长期影响时说到，至少1950年代疗养院规划形成的路网保留下来了。

2.2.3 路网骨架与城市结构

青岛的城市街道系统在三个大建设发展期由于城市形态、规模、结构的不同而不同。对德占时期1913年《青岛市区图》进行分析（图2-14），从形态上看，道路分级不明显，似乎街道以网络形态存在，所有的街道都是骨架的一部分。唯一能够提炼出来的是：中山路—堂邑路—莱州路作为脊柱的特征明显，贯穿欧人区、华人区、大港小港地区。到了日占时期，由于馆陶路建设成为金融街，这一区域的脊柱转变为中山路—堂邑路—馆陶路。南北狭长的城市形态与脊柱路相配合。

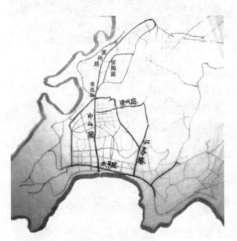

图2-14　1913年道路骨架
资料来源：自绘，根据1913年《青岛市区图》，见：青岛市档案馆.青岛地图通鉴.济南：山东省地图出版社，2002：107

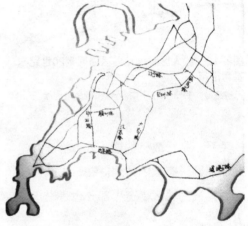

图2-15　1940年道路骨架
资料来源：自绘，根据1940年《青岛市街图》，见：青岛市档案馆.青岛地图通鉴.济南：山东省地图出版社，2002：83

图2-16　1935年规划的干道网
资料来源：青岛市档案馆.青岛地图通鉴.济南：山东省地图出版社，2002：59

图2-17　青岛市区道路网规划布局图（2003）
资料来源：陆锡明，等.城市交通战略.北京：中国建筑工业出版社，2006：153

国民政府时期城区扩大（以1940年市街图研究这个时期的形态），街道仍然是网络形态的，提炼道路骨架更加困难，骨架特征还是连通南北的道路比较明显，如中山路，江苏路—热河路—辽宁路，大学路—登州路—威海路，另外有一些道路划分出区域边界，如台东地区边界的道路。

21世纪最初几年青岛的交通干路主干道骨架格局是"四纵五横"，之后由于快速路的建设形成了"三纵三横"的快速路骨架，这种特征非常明显，青岛主城区东、西、南三面受自然条件限制，发展方向主要向北，不会像一些内陆城市一样可以向四面拓展形成圈层形态。南北干道胶州湾高速、四流路、重庆路、308国道、青银高速出城，东西方向又需要与这些道路建立联系，最终形成了纵横结合而非环形加放射的干道骨架。由于城市中心区沿城市南部海岸线带状展开，城市各部分与中心区的联系依赖于南北向的干道，各部分之间需要东西向干道。

街道网与城市结构结合紧密，常被称为城市的骨架、城市的脉络。有时候人们会提取出主干路网并概括几横几纵，作为对城市结构的把握。

青岛的带状城市形态时期，以胶济铁路为脊柱南北狭长，南北向联系强、干路长、级别高，东西向联系弱、路短、级别低。这为后来埋下了隐患，以至于在城市向东发展范围很大时，东西向的干路需要拆迁、拓宽、高架才能打通，第一条快速路和第二条快速路都穿越老城和建成区（图2-18，图2-19）。值得一提的是胶州路在1913年图上西至中山路，向东通过热河路连辽宁路和包头路，也就是到达大港和台东以及李村，胶州路已经具有了结构意义，以至于1990年后，最终把延安路与胶州路连通形成东西快速路。

图2-18 20世纪初修建第一条东西快速路
资料来源：董梁拍摄

图2-19 东西快速路穿过老城区
资料来源：作者拍摄

2.3　形态分析

街道形态特征

《青岛》一书记录了1958年的调查，"青岛市道路线型的设计一般是良好的，青岛地形虽然起伏变化很大，但从全市的道路坡度分析图来看，坡度在3%以下的道路，估计在60%以上，而主要干道坡度都是较小的。"[1]对于一部分坡度较大的路段如大连路、大学路、延安路、龙江路、江苏路，形成陡坡的原因解释为"旧道路系统基本上还是用了棋盘方格的规划方式"，我认为有误，这几条路除江苏路南段外都不在棋盘路网里，而江苏路坡度大的是北段。棋盘路网特征明显的是德占时形成的中山路街区（包括大鲍岛区、青岛区大部分）、台东镇、台西镇，第一次日占时期台东镇周边形成了大方格路网（图2-

图2-20　棋盘路网特征的街区
蓝色为德占时期形成，浅黄色为日占和国民政府时期逐渐形成。
资料来源：自绘，根据青岛市测绘院航拍地图

20）。除此之外的路网大多是随着地势变化的，基本上不是棋盘路网。所以这些路坡度大的原因不是由于棋盘路网形态，而是靠山太近，大连路靠贮水山，大学路、龙江路靠信号山，延安路靠青岛山，江苏路从观海山和信号山之间穿过，又从观象山和伏龙山之间穿过（图2-21）。

具有放射型路网特征的如图2-22红

图2-21　坡度大的路与山的关系
资料来源：自绘，根据青岛市测绘院航拍地图

图2-22　具有放射特征的路
红色为具有放射特征的路，黄色为多路交叉口
资料来源：自绘，根据青岛市测绘院航拍地图

---

[1] 中国建筑学会，中国建筑学会青岛分会.青岛——中国建筑学会专题学术讨论会的报告.北京：建筑工程出版社，1958.8：11

色所示有四处。总督府附近是明确的城市设计手法，突出总督府特殊的地位及其与周围街区的联系。天桥附近的放射路网形态与向西跨越铁路的通道相符合，据说在德占时期就有桥，不论在规划时是否有过铁路的目的，在日占以后有明确的记载中一直有桥，屡坏屡建，直至改为泰云地下通道，说明由于铁路的分隔而使两侧有连通通道的要求，而这个片区的放射型路网使这个通道锚固在放射点上。团岛的云南路附近形成放射型路网是由于团岛的平面形态，伸出主体城区、被铁路分隔出去、大体接近圆形。

类型

按地形地势位置特征分有平原街道、山地街道、临海街道。平原街道：八大关、太平角、中山路街区的街道大多平坦。山地街道：鱼山、观海山周围的街道具有山地特征而且形态清晰，车行道沿等高线曲折蜿蜒，步行道笔直地向山，采用坡道或坡道与台阶相结合的方式，车行道与步行道形成分工配合。信号山、观象山、伏龙山附近的街道顺应地势形成自由曲线。临海街道：太平路、莱阳路、南海路、汇泉路、山海关路、黄海路、太平角一路、太平角六路、东海路是临海的道路，滨海步行道在很多段上是利用这些临海道路的人行道。临海街道只有一面有建筑界面，同时也形成城市界面，另一面为石砌防波堤或者礁石、沙滩等，剖面没有空间比例。

以街道线型划分：直线型、折线型、曲线型、环型、异型。在德占时期形成的街道直线型的比较多，因为那个时期使用的是最平坦的地带。广西路、湖南路、湖北路具有明显的折线特征，原因是：铁路在火车站附近几乎是正南北向的，中山路西侧的路网以铁路为基准形成方向体系，而中山路东侧的路网因观海山和海岸线的关系形成一个稍微偏转的方向体系，这两个体系的街道在中山路（或旁边的河南路、浙江路）以转折来完成体系转变，于是产生了折线道路。

中山路是德占后较早形成的街道，最初是连接村庄的土路，由于建设小港时从海上运输来的物资要从栈桥上岸，然后由陆路运输到小港工地，由此形成了连接栈桥和小港的中山路，建筑沿路两侧逐渐形成，从1901年的街道图看到，建筑主要集中在靠近栈桥的太平路、广西路前海一线和靠近小港的华人区，以及连接两者之间的中山路，呈

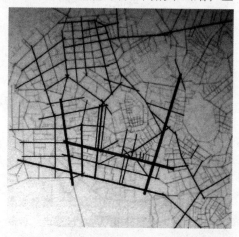

图2-23 老城中山路街区和观海山街区街道的线型特征

资料来源：刘宾，潘丽珍，孙丽萍.青岛市老城区街道空间体系"类型"化研究.规划师, 2006, 22（增刊）：53

现出哑铃形态，当时中山路仅单侧有建筑的街段10段，两侧都有建筑的街段4段。从1898年的规划图和1901年的规划图对比中可以看到：中山路的走向、转折点、形态没有发生变化，但两侧其他街道发生很大修改，而且其他道路直线型的较多，即使是有转折的街道也与中山路转折的形态明显不同，这是由于中山路已经形成，规划中的中山路继承了现有道路。中山路折线的位置有其自身的规律，在其形成过程中步行、人力车和畜力车自然而然地寻找一条坡度变化小的路线，从而形成曲折的形态。旁边走向基本相同的浙江路最大坡度6.5%，河南路最大坡度4%，而中山路在德县路以南的最大坡度是3%，可见中山路非常顺应地势。为了避开东面的坡，在湖北路口和德县路口向西折，在肥城路口折回，带来了一个意外的收获："使得从坡下向上看，就因街道的转折而不致看着'茫茫的苍天'；中山路从天津路口向北是一个凹下的纵断面，在街景上更有深远之感。从中山路的线型来看，可以说明城市干道不一定非取直不可，正因为不是太直，而增多了街景的变化。"[1]

曲线、环线和异型道路一般是由于山地地势和海岸线走势造成的，曲线街道多围绕山体，如莱阳路、观象二路、伏龙路、福山支路、沂水路、贮水山路等，曲线也有围绕重要的地点而形成的，如大港一、二、三路。环线街道有观海一路、观海二路。异型街道，如安徽路是由于中间夹着一道沟成为两股路，青岛路则是路中间设计绿化以加强轴线，苏州路和胶东路是由于在很短的距离内下坡，形成迂回曲折的线型。

根据街道两侧建筑可分为：庭院式住宅街区（即独立小楼）、里院式住宅街区、公共建筑的街区、开放小区、

图2-24 庭院住宅街区——八大关
资料来源：青岛电视台.青岛之窗[EB/oL].http://www.qingdaochina.org

图2-25 里院街区——小港
资料来源：作者拍摄

---

[1] 中国建筑学会，中国建筑学会青岛分会.青岛——中国建筑学会专题学术讨论会的报告.北京：建筑工程出版社，1958：13

封闭小区。这些街区内的街道不可避免地具有两侧建筑所形成的特征,庭院式住宅为主的街道一般临街为围墙、挡土墙和一部分建筑,有时树木也参与街道界面的形成,例如八大关、观海山、鱼山的街道,沂水路、金口路等。里院式住宅街区的街道两侧为2~3层的连续建筑界面,空间围合感尺度感好。公共建筑为主的街道如广西路、中山路、馆陶路等,建筑体量大、形象突出、街景丰富。新中国成立后形成的小区外围街道常常有网点,内部街道很少有网点,由住宅和宅间绿地形成不连续界面,而且线型曲折,尤其规模较大的小区遵循通而不畅的原则设计内部道路,如湛山小区和浮山后小区的街道,封闭小区的内部街道完全封闭使用。

以方向性划分:南北向、东西向、斜向。老城道路东西向多而短,南北向少而长,这与沿铁路南北狭长的城市形态有关;很多斜向、曲线、放射的道路是由于山地地形造成的。以德占时期修建台东镇为例来说明街道的方向与生活的关系。台东的街道矩阵网格呈南偏西37度,顺应夏季主导风向东南风和冬季主导风向西北风,这样的街道方向有利于通风。德国占领当局利于通风的考虑是为了避免传染病的爆发,当局对传染病非常恐惧,德占最初的两年人员死亡率相当高,夏季每月平均死亡8人,一半因为伤寒、痢疾、霍乱、疟疾等传染病[2],有一位总督就死于传染病。通过街道方向设计减少整个街区人们传染疾病的机会,同时减少传染给欧人区和大鲍岛区的可能,因为台东镇位于城区的东北方向,也就是城区的侧风位上风向,这与现代城市规划理论中将有污染的工业用地布置在城市侧风位的原理相同。另一方面,台东的棋盘路网与海泊河的走向有呼应关系,一些是平行于河道,另一些垂直于河道,也与第一道连绵的山体地带:贮水山—青岛山—太平山的基本走向有呼应关系,也就是说台东镇的棋盘网格与地形地貌有关。台东镇位于夹在第一道山体地带和第二道海泊河之间的狭长平原地带,街道网格的走向顺应了用地周围的地理特征。台东镇的道路网格不是随意偏转的棋盘,其方向与风向和地理要素有关(图2-7,图2-8)。在改造为多层住宅后,建筑朝向为南偏西37度和南偏东53度,相比于旋转为南北向和东西向,是一种比较平均的分配良好朝向的方式。

街区取样比较

解读青岛的街道形态,对不同街区进行取样,提取400米×400米(16公顷)的样本,同比例平面图比较。以下表格自制,其中图片根据地形图自绘,采取的方法借鉴了《街道与城镇的形成》中对街道模式的比较[2]。

---

[1] [德]余凯思.在"模范殖民地"胶州湾的统治与抵抗.孙立新,译.济南:山东大学出版社,2005:272
[1] [美]迈克尔·索斯沃斯,伊万·本-约瑟夫.街道与城镇的形成.李凌虹,译.北京:中国建筑工业出版社,2006:107

表2-2　街区取样比较

	八大关街区	观海山街区	鱼山街区
地势特征	平坦	山地	山地
街道主导线型	直线型	环型＋放射型台阶坡道	半环型＋方格网台阶坡道
街道方向性	南—北，东—西，向海	环山，向山	环山，向山
两侧建筑形态	庭院建筑	庭院建筑	庭院建筑
街道肌理			
交叉路口			
街道长度(米)	2505	2902	4248
街段数	24	31	66
交叉路口数	9	20	38
进入点数量	12	12	18
尽端路数	0	0	4
一般街坊 (长边x短边) (米)	185x94，262x96，147x77	141x35，60x35	72x47，103x72

	中山路南段 （青岛区、欧人区）	中山路北段 （大鲍岛区、华人区）	小港街区
地势特征	平坦	平坦	平坦
街道主导线型	直线型，折线型	直线型	直线型，曲线型
街道方向性	南—北，东—西，向海	南—北，东—西	南—北，东—西
两侧建筑形态	公共建筑，庭院建筑	里院建筑	里院建筑

续表

	中山路南段 （青岛区、欧人区）	中山路北段 （大鲍岛区、华人区）	小港街区
街道肌理			
交叉路口			
街道长度(米)	2760	4748	3833
街段数	28	84	66
交叉路口数	14	42	38
进入点数量	14	20	18
尽端路数	0	2	0
一般街坊 （长边×短边） （米）	179×124，124×105	82×59，81×75，70×60	48×41，95×61，129×52
	台东 约2000年 （按街道方向旋转取样）	台东 约1918年	
地势特征	平坦	平坦	
街道主导线型	直线型	直线型	
街道方向性	南偏西37度 矩阵	南偏西37度 矩阵	
两侧建筑形态	网点托多层住宅，商业建筑	一层住宅为主	
街道肌理			

	台东 约2000年 （按街道方向旋转取样）	台东 约1918年	
交叉路口			
街道长度(米)	4684	6415	
街段数	100	149	
交叉路口数	53	71	
进入点数量	18	28	
尽端路数	0	0	
一般街坊 （长边×短边） （米）	61×38, 89×71, 182×95, 38×28	64×38, 58×30	

注：台东约1918年的分析根据《青岛地图》（约1918年）绘制，青岛市档案馆.青岛地图通鉴.济南：山东省地图出版社，2002：72

通过街道肌理比较可以看出，中山路南段（欧人区）、中山路北段（华人区）、台东、小港、八大关街区具有明显的方格网特征，观海山街区是围绕山头两条环形路加联系的短坡道，鱼山街区是围绕山头的半环路与方格网结合。

路网疏密程度以400米×400米取样方内街道长度和街段数为标准可以分为三个级别：

大格子路网，低密度路网（街道长度小于3000米，街段数20~40）中山路南段（欧人区）、八大关、观海山街区；

中格子路网，中密度路网（街道长度3000~4500米，街段数60~80）鱼山街区；

小格子路网，高密度路网（街道长度大于4500米，街段数大于80）中山路北段（华人区）和台东（华人郊区）。小港街区具有特殊性，街区规模小，只占了取样方的一半，如果按其实际规模计算单位面积的道路长度和街段数，应该属于高密度路网。

台东1918年是非常密的路网，经过改造后单位面积内的街道长度于中山路北段差不多。路网最密的两个街区中山路北段和台东在德占时是华人居住区，也是华人商业集中地点，之后的历史上也一直是繁荣的商业区，中山路在很长时期是青岛首位商业区（中山路南段路两侧有商业，而北段则整个街区都是商业区）。台东在20世纪末21世纪初超越中山路成为首位商业区，取样方内的街段数分别为台东100、中山路北段84，远远大于其他街区，就是街段很短，这两个商业区除了区位支持外，街道形态和路网密度方面的支持作用也非常重要，这与简·雅各布斯的短街段有利于多样性非常吻合，密路网短街段带来了行进方向的多种可能性、空间的变化、内容丰富的可能性，这些都有利于形成多样、复合、丰富的街区。

由于这些街区都具有网格特征，街区都有较多的进入点：最少12最多28，都有较多的交叉口：最少9最多71，因此都极少有尽端路。

两个山地街区鱼山和观海山的街道网具有环山和向山性，与平坦地带的街道网在形态上明显不同，在道路的功能上也分工协作，环山路坡缓可以行车，向山路为坡道或台阶只能步行。

图2-26　一些山地街区的街道进行分工配合，表现出形态差异：车行道具有环山性，呈现曲线特征；步行道具有向山性，呈现直线特征
资料来源：作者拍摄

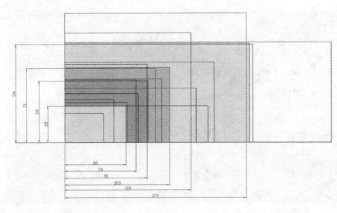

图2-27　老城街坊大小
资料来源：自绘

从图2-27可以看出，青岛老城的街坊大小数值比较集中的是长边60~100米，短边35~70米。欧洲的巴塞罗那，城市几乎完全由130米×130米的街区构成；美国波特兰的街区大约是61米×61米[1]。通过图2-28的比较发现，青岛老城的街坊大小、路网密度与欧洲九个城市的中心区比较接近，而与新城区有很大差别，新区建设是在1992年开始的，遵循城市规划原理所提倡的大街坊、小区加超大格子路网的模式，宁夏路至香港路之间的街坊很大，130m×200m算是小的，有的达到240m×410m，平行于干道的小路太少，而且不能形成网络，缺少在堵车时可以替代的路径，香港路全线堵车、延安三路与江西路路口堵车是有这方面原因的。"老城住区的开放式路网结构为公共交通系统未来的完善提供了很好的基础，它所具有的较密的路网使得正在进一步完善的公共交通可以深入住区内部，为人们未来的出行带来很大方便。新城住区规模一般较大，内部道路曲折多变，并且与城市道路不能形成很好的对接，即使把封闭的小区都开

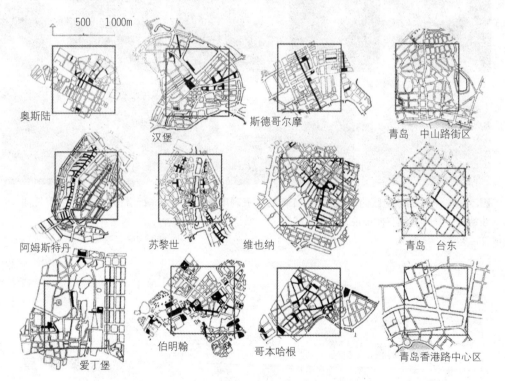

图2-28　十城市1000米×1000米取样比较
资料来源：欧洲九城市图出自[丹麦]扬·盖尔，拉尔斯·吉姆松.公共空间·公共生活.汤羽扬，王兵，戚军，译.北京：中国建筑工业出版社，2003：25；青岛三个街区取自青岛市城市分区规划1998—2010（市南分区）道路交通规划图；（市北分区）道路交通规划图综合绘制

---

[1] [丹麦]扬·盖尔，拉尔斯·吉姆松.新城市空间.第2版.何人可，张卫，邱灿红，译.北京:中国建筑工业出版社，2003：64，80

放，公共交通也很难深入住区内部。根据实地的观察和访谈，目前的状况是，居民常常要走较远的路程才能到达公交车站，所带来的不便已经凸显。即使将来的经济水平和交通政策使得公交系统可以得到较大发展，现有的自成系统的住区路网结构也很难予以配合。"[1]新老城区在街道网形态上的差异深刻地影响着人们的社会生活，尤其是公共生活呈现出极大差异，例如新老城区居民在邻里交往等方面的不同，后文将会详细讨论。

2.4 对景

对景建立了视觉秩序，讲究对景的城市空间具有明确的视觉秩序。街道对景对于步行比车行更有意义。在过去以步行为主要交通方式的时代，看到街道的对景比如远处的建筑，形成一个目标，行走的心情也不同。这种以标志建筑为阶段性目标的行走经验在新城区遭到重创，是因为那里非人的尺度，有些地方看得见但却走不到。

图2-29　街道对景
从左至右为：中山路对海，鱼山路对小鱼山，肥城路对天主教堂，资料来源：作者拍摄；
平原路对基督教堂，资料来源：杨光拍摄.青岛老街镜像.青岛：青岛出版社，2005

看海

早期建设的太平路到莱阳路一带的南北向的老城街道，大多是对海的，且绝大多数可以看到海，有一处例外，即大学路南段对着一座学校。八大关的路网基本上是方格网，靠近海边顺应海岸线局部有变化，一个方向的街道是对海的。另外一些突向大海的岬角地带如鱼山街区就有两个方向的街道对海，太平角的格子路网做了一个巧妙的偏转，两个方向的路都对海。

街道对海不仅需要将街道设计成对海的走向，还要把街道成功地引向海边，并将沿海岸线的土地做出相应的有利的安排，否则就会出现一些街道距离海边已经很近了，但被一些不具备景观意义的建筑挡住了看海视线。老城在对海方面做得极好，只有

---

[1] 李建东.城市住区居住品质研究：[硕士学位论文].重庆：重庆大学建筑城规学院，2005：62-63

个别的对海街道被挡，但东部新区就有很多路到了香港路就结束了，例如东海一路、秀湛路、盐城路、海门路、南通路、徐州路。甚至有的干路向南过了香港路到东海路还是看不到海，例如福州路。

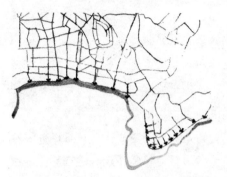

图2-30 中山路南部、观海山、鱼山街区看海分析

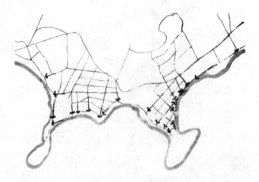

图2-31 八大关街区、太平角街区的街道对海分析

向山

有的街道是对着观海山的，但由于山体较小，半山腰以下都建有房子，所以看到的是山地上层层叠叠的房屋，而青岛路又设计成对着总督府，看不到后面的山，观海山街区内比较短的台阶路是向山的。鱼山街区里有很多向山的坡道，但西鱼山几乎被建筑占尽了，大多看不到山头。太平路、文登路、金口路对着小鱼山（也叫东鱼山），对信号山的街道也有几条。观象山、伏龙山周围对于街道的向山性考虑得不够，街道肌理上不如鱼山街区和观海山街区向山肌理那么清晰。而把太平山作为对景的街道就比较多了，由于太平山的高度高，面积大，再加上有一座电视塔，在山周围四个方向上都有一些街道是对着太平山的，甚至比较远的街道也有一些对着并且能看到太平山，例如香港路家乐福至市政府段，就对着低的市政府办公楼和高的太平山，更远的伊春路，隔着大片的城区对着太平山电视塔。

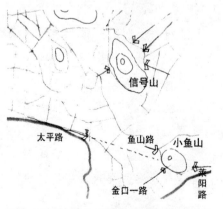

图2-32 信号山和鱼山周围街道的向山分析

图2-33 老城建筑对景分析

对建筑

老城作为对景的重要的地标建筑有总督府、火车站、警察局、天主教堂、基督教堂、圣保罗教堂等。

青岛路对总督府；

广西路、兰山路对火车站；

曲阜路、蒙阴路对警察局；

沂水路、平原路、江苏路对基督教堂；

肥城路、浙江路、博山路对天主教堂；

胶州路、热河路、无棣路对圣保罗教堂，教堂位于六向道路的路口，很多路虽然不是与其正对但却可以看到教堂的塔楼。

龙江路最南的一段沿河路，可以看到迎宾馆和信号山。

讲究对景的城市设计观念对青岛的城市设计影响至深。香港路在市政府前的转弯是一个十分有城市设计味道的地方，从图上和照片可以看出，由于香

图2-34 福州路看海视线被建筑阻挡

港路在这里有一个40度的转弯，对于沿香港路东西两侧，市政府都是道路对景，同时市政府还是五四广场的对景，这样就成了三个方向的对景。更为神奇的是，由于市政府建筑的后退，沿香港路自东向西还可以看到太平山和电视塔。

福州路南端对着高层住宅，正是因为这个建筑挡住了福州路的看海视线，取代海景成为福州路的对景，以至于有一年被选为青岛最差建筑。道路对景的观念在青岛深入人心。

图2-35 从香港路看市政府和电视塔

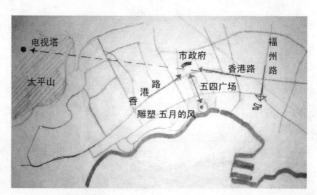

图2-36 香港路对景分析

2.5 比例尺度

计算街道宽度与建筑高度比例的方法,在芦原义信的《街道的美学》中,进行了较为系统的总结。他认为$D/H=1$是重要的节点,小于1有接近感和紧迫感,大于1产生远离感,超过2产生宽阔感,$D/H=2$可以欣赏建筑整体。文艺复兴时期的街道,达·芬奇认为$D/H\approx1$较为理想,巴洛克时期表现为$D/H\approx2$。根据西提的观点,芦原义信将良好广场的比例总结为1~2[1]。这个观点广为流传并用于指导街道设计。他在用图示解释不同比例的感受时,有一个固定的值是高度H,在一系列的比例中,H始终不变,只是宽度在变化,有理由怀疑他的思路中是设定了这个固定不变的量的,在随后的意大利街道三个历史时期的比例图示中,高度几乎不变,而宽度明显变化。他的调查表明具有亚洲独特热闹气氛的街道比例一般小于1,而这些街道的宽度多为10米左右,建筑高度不超过12米,举出的三条比例接近1的街道,宽度、高度分别是8.5米、10.6米, 8米、11.4米, 7米、7米。综上所述我认为他的观念里高度是常量,是一个在很长的历史时期里常见的高度,这个高度虽然很难精确量化,但在大多数情况下是指1~4层高的建筑,也可放宽至6层的建筑,没有证据可以表明他的比例关系中是包含超出正常尺度的高层建筑的,他没有明确举出一个很高的建筑高度的例子。在讨论街道比例时要考虑尺度,在他的思路里是考虑了尺度的,虽然没有明确地说出来,但高度不变就是这种考虑的反映,因此D/H不是两个变量可以随意变化的,H应该是较长历史时期里较常见的建筑高度,是在一定范围内的,D是一个可以变化的量。

第二个问题是,芦原义信是通过对前人观点和调查数据进行归纳,得出D/H的关系,归纳是对有限街道数据的总结,是可信的,但演绎就不一定了,演绎是将从一部分街道得出的规律应用于另一部分街道,因此演绎需要谨慎。当代设计街道中广泛使用D/H是一种演绎,由于忽略了芦原义信的思路中的H的可变范围,忽略了尺度,才会用D/H导出100米:100米的超大尺度、非人尺度

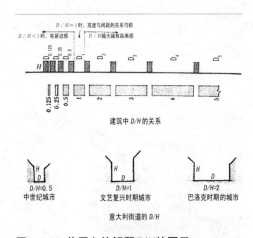

图2-37 芦原义信解释D/H的图示
资料来源:[日]芦原义信.街道的美学.尹培桐,译.天津:百花文艺出版社,2006:47

---

[1] [日]芦原义信.街道的美学.尹培桐,译.武汉:华中理工大学出版社,1989: 35-37, 164-167

的街道，这是设计者对D/H观点的误解和误用。好的比例不一定带来好的尺度，如果忽略了人的尺度感而放大尺寸，高层加宽马路虽然比例不变，但尺度巨大，与人关系并不好。15米：15米与100米：100米并不是一回事。

第三个问题，芦原义信所讨论的街道都是常态的街道，不仅建筑高度是常见的一般的高度，而且两侧建筑总是被假定大体同样高，因此只用一个H，这样的常态街道过去大量存在，还有一些街道两侧建筑差一两层高度。而现在由于城市建设等原因，出现了很多两侧建筑高度差距很大的非常态街道，因此应该对于这种街道使用两个H计算比例，即设定一个街道剖面中，左侧的建筑高度为H_1右侧为H_2，计算D/H_1和D/H_2两个值。

本节选取几个街区做一系列有代表性的街道高宽比例分析，宽度根据地形图测量，高度根据建筑层数推测。细线表示老房子和历史建筑，粗线表示后改建的建筑。剖面均面向北或向西，同一街道的系列剖面按自南向北、自东向西的规律排列。

欧人区中山路南段常态D/H接近2，街道也比华人区一般街道宽，为27米，相比之下过去有一种疏远感，但确实适合在一侧步行时观察另一侧的建筑整体，其注重城市形象的意图明显。中山路南段只有一处两侧都有历史建筑，这个地方的剖面表现出几十年以前的比例关系和街道宽度，宽度为27.5米，比例为2.3和1.7，接近2。中山路北段由于进入华人区变窄，老里院建筑形成的街道宽度为20.6米。广西路的常态宽度为24.8米，比例2.8，中山路南段和广西路的常态街段可以大体表现德占时的欧人区的街道比例和宽度。

大鲍岛华人区和小港的街道，常态的宽度与高度的比D/H一般在1~2，其中接近2的居多，街道宽度大多为11~13米，建筑高度2~4层，尺度较小、比较亲切，与华人平民的高密度居住区相适应，是产生浓厚生活气氛的空间基础。新建建筑改变路宽时常达到30~35米，D/H为1.2~1.7，有高层的地方0.5~0.2，有压迫感。台东在过去的街道宽度为7~12米，建筑1~2层，D/H一般在1~2之间。改造后宽度为20~30米，建筑6~7层居多，D/H一般在1~1.5。改造大多数情况下拓宽了街道，但建筑高度常大幅提高，使D/H更接近1甚至小于1，然而这种街道空间比例的变化并没有明显地使空间感受变好，相反，由于尺度的变化，使得空间向远人、巨大的方向变

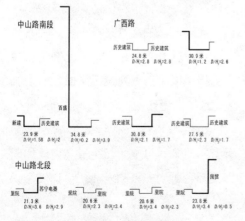

图2-38 中山路和广西路街道比例

化，老城内大多由于整体街道形态的限制而变化较小，一些高层建筑的街段发生了质的变化，人行道层的空间感受和步行体验大为降低。在新城区往往街道尺度较大，即使保持接近1的比例，仍然很难具有亲切感，倒是里院街区内常见的2的比例更为舒适。

交通压力下的城市如何再有亲切的

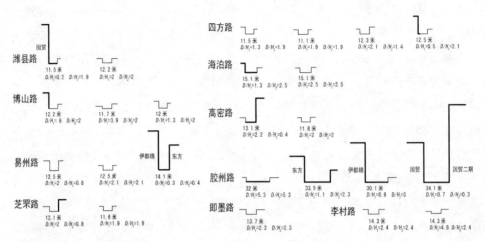

图2-39　大鲍岛区街道比例

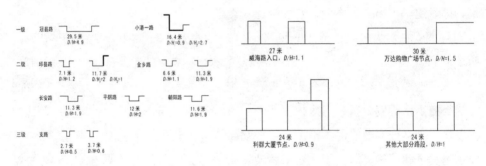

图2-40　小港街区街道比例　　　　图2-41　台东三路街道比例

尺度呢？城市土地稀缺、建筑向高空要面积的压力下如何能创造小尺度呢？白德懋认为"将超高建筑放在后排，不直接临街，而沿街部分用低层建筑过渡，从而产生较好的视觉效果。"[1]颐中假日酒店由于裙房临街缓解了高层部分对于人行道的压力，比青岛中银大厦高层直接落地给人的压迫感小一些。但这个方法在青岛老城很难使用，老城的街坊小，现在出现的高层建筑大多是独占一个街坊，很难再向后退，因此在老城原来的街道网系统里建设高层时，必然极大地改变街道比例。

街道环境对人有什么影响？长期听音乐对人有影响，而街道环境就如同每天都会听到一系列乐曲，也许没意识

---

[1] 白德懋.漫步北京城——一位建筑师的体验.南京：东南大学出版社，2006：55

图2-42 高层对中山路和老城风貌的影响
资料来源：青岛电视台.青岛之窗[EB/ol].http://www.qingdaochina.org

到但影响潜移默化地发生了。"街道、人行道或植被带的最小尺寸兴许看起来无所谓，但是放在一个有上百万人居住的，被细分成几百段的，绵延数英里长的街道上，那么它们就将对我们社区的面积、人的心境感受和工作状态产生非同小可的影响。"[1]

2.6 建筑界面

2.6.1 建筑界面–城市印象

街道的形象是建筑界面作为物质客观存在的，而人对街道的印象是建筑界面通过视觉对主观的影响。在步行过程中，大部分时间里在视野占较大比例的是一层建筑界面和地面，这种长时间的大量的场景建立了一种基本印象，同时在较少的仰头、远望、看街对面时看到的建筑整体却常常形成比较刺激的印象。街道两旁的建筑作为城市景观进入公众视线，形成城市印象。在康有为的"碧海蓝天红瓦绿树"城市意象之后，王统照对青岛的建筑写下了另一个经典的概括："这里一切的情形是混合着德国人的沉重，日本人的小巧，中国固有的朴厚。经过重要街道，你如果是个留心的观察者，可以从街头所有的表现上看得出。"[2]

王统照写道："实在直到现在，凡是留心的人还能由这些先建的洋楼上，看出德国人的沉鸷刚勇的气概。例如青岛著名的建筑物，现在的市政府与迎宾馆，以及当年德国人的军营，现在的山东大学与市立中学校。那些建筑物，除掉具备坚固、方正、匀称、高大的种种相之外，你在它们旁边经过，就觉得德国人凡事要立根很深的国民性有点可怕！同时也还有其可爱之点。当初他们对这个港口实在是花过本钱的。究竟不知是多少万马克汇来东方，经营着山路，海堤森林，铁路，一切事他们早打定了永久的计划，所以都从根本上着想。建筑也是如此。现在凡过青市生活略久一点的人，走到街上，单凭看惯的眼光，便能指出这所房子是德国人盖的，那是××的玩意，那是中国式房子，十有八九错不了。自然的分别，就譬如眼见各人的面目不同一样。……由日本占青市后建造的神社及其他住房上看，很清楚，他们只在玲珑、清秀上作打扮。是一个清瘦

---

[1] [美]迈克尔·索斯沃斯，伊万·本-约瑟夫.街道与城镇的形成.李凌虹，译.北京：中国建筑工业出版社，2006：3
[2] 王统照.青岛素描//张蓉.客居青岛.青岛：青岛出版社，1999：3-14

精细的女孩，而没有'硕人颀颀'的神态。至于完全出自中国人的意匠所盖的房屋，除却照例的二三层商店房式之外，其他的住房多半是整齐，方正，很能在新形式中仍存有固有的风姿。近年也有几处从上海移植来的所谓立体建筑物。青岛的建筑是这样混杂着。可以由此推知以前的青岛是如何受了外国的影响。"[1]

青岛街道的界面形成要素：建筑、围墙、挡土墙、树。

德占时欧人区的公共建筑紧邻街道，而独立住宅一般都有花园和围墙。庭院内的建筑在街道界面中后退，常常不能起到界面作用，让位于围墙、挡土墙和树木，这种情况在观海山和八大关可以看到很多，所以八大关最让人心旷神怡和称道的是街道、行道树，然后才是建筑，建筑成为背景。这是在八大关看到的最多的东西的顺序，而且介绍八大关也是首先说八条马路、八种行道树，然后说万国建筑博览会。临淮关路的街道界面完全是由雪松形成的。有一些街道上由于地势原因，挡土墙成为界面，沂水路的挡土墙优美而经典。

里院是两三层住宅沿着街道围成院，住宅连成排是当时受到欧洲联排住宅的影响，而围合成院是中国住宅常见的方式，因此里院被认为是中西合璧的建筑形式。里院建筑形成的街道界面很让人着迷，由于街道不宽、建筑两三层，比例和尺度都近人。

太平路沿街界面又是沿海界面，从栈桥、小青岛或者船上看过来，首先就是太平路的建筑界面，后面有一些山体，呈现出层层叠叠的红瓦绿树的城市景象，另外从小鱼山也可以看到这样的城市景象。如果说屋顶是建筑的第五立面，那么满山满谷的红屋顶形成的界面就是城市的顶界面，青岛最有意思的地方就是城市提供了很多可以看到顶界面的地方，除了上述地点，其他路上也可以看到，比如从太平路看鱼山街区，从龙江路南段看信号山。在康有为等诸多文人的笔下，在吴冠中等诸多画家的画中，在市民和游客的眼里，这种层层叠叠红瓦绿树的景象就是青岛最打动人心的城市印象。然而，一些高层建筑和一些尺度和形象不好的新建筑，改变了城市的界面、天际线和印象，1910年代、1930年代甚至到1980年代，老城的顶界面要比现在更美。

图2-43 吴冠中青岛写生作品
资料来源：吴冠中画选.沈阳：辽宁人民美术出版社，1979：4

---

[1] 王统照.青岛素描//张蓉.客居青岛.青岛：青岛出版社，1999：3-14

青岛的跨河发展缺乏在城市设计的高度上的界面设计，沿河界面不成形，海泊河和李村河两侧大部分界面是消极的、凌乱的，与一些河道多的南方城市相比，沿河界面很差，轻视河很可能与青岛的城市设计和建设注重海有关。

德占时期的规定一般建筑高度不超过三层18米，没听说有突破的。国民政府时期的相似的规定执行得比较严格，只有极少量的突破，如中山路只有一座建筑突破了限制达到5层，别墅区也只听说宋子文别墅不守规定设立了很高的围墙。但到了1990年代大建设时期，突破规定的建筑很多，甚至规定都改得违背城市设计的准则，中山路南段出现了一批高层建筑，把原来的地标天主教堂淹没了。

新老城区街道的不同与街边建筑空间的用途有关，也与界面有关。有的封闭小区外面是围墙，围住了很大一片街坊，造成的感觉与庭院式住宅的围墙大为不同，八大关的住宅围墙只是围住每一个院子，街道还是开放的，而封闭小区围住的是整个街坊，形成内外不同的街道。近年封闭小区的增多，再加上近年青岛对于网点不能托住宅的规定，以后城市中会有更多的围墙。封闭小区是出于安全的考虑，是住在里面的社会中上层的自我封闭，是对外面社会不安全的恐惧和与下层民众空间分离的愿望的反映。

2.6.2　新建筑与老建筑

新区有一些比较精彩的新建筑，市政府、海天大酒店、颐中假日酒店、北大青岛国际学术会议中心、阳光百货等。在老城的新建筑设计挑战要大一些，最基本的一个选择就是协调还是对比，不论哪种方式，一定要与老建筑有关系。老城内的新建筑与老建筑形成良好对话关系的比较少，有很多破坏了老城街道界面，甚至破坏城市印象。例如中山路南段的一系列高层，它们对于土地集约使用当然有贡献，但对百年老街和城市印象也有沉重的打击，10年前青岛人还可以夸中山路如同上海的南京路、哈尔滨的中央大街，但现在保护规划把中山路周围叫做安徽路历史文化保护区，已经不以中山路命名了，当人们在发达商厦和百盛旁边的人行道上感受凛冽的高层风的时候，还会认为这里很美好么？

(a) 统计局(左)—总督府(右)
资料来源：青岛电视台.青岛之窗[EB/oL].http://www.qingdaochina.org

(b) 统计局(左)—总督府(右)
资料来源：作者拍摄

(c) 总督府
资料来源：作者拍摄

图2-44　统计局—总督府

总督府—统计局：总督府是德占时期建设的标志性建筑，统计局是1980年代在总督府北面修建的新建筑，体量尺度材料等很多方面呼应了老建筑，虽然有人批评模仿总督府的太多，但能够隐藏于其后而不冲突、不突兀已经非常不易了，我认为这是在老城里新老呼应较好的例子。刘敏认为这个扩建工程"成功地在原德总督府后面结合地形对称的扩建，使新老建筑成为有机整体"[1]。

(a) 原来的老建筑与天主教堂
资料来源：杨光.青岛老街镜像.青岛：青岛出版社，2005

(b) 从中山路看新建建筑与天主教堂
资料来源：作者拍摄

(c) 从中山路上看新建建筑
资料来源：作者拍摄

图2-45　天主教堂—对面新建筑

天主教堂—对面新建筑：天主教堂是1930年代建设的老城地标，两个高耸的塔楼是当时最高的建筑，对面1906年新建的建筑虽然在风格上试图与老建筑协调，但层高大、窗台高、外墙上一些细节部件尺度大，尤其在中山路上看时高度也对教堂的形象不利。

东海饭店—东海国际大厦：位于汇

(a) 东海国际大厦（高层）—东海饭店（高层右侧）
资料来源：青岛电视台.青岛之窗[EB/oL].http://www.qingdaochina.org

(b) 东海饭店
资料来源：青岛旧影.北京：人民美术出版社，2004

图2-46　东海国际大厦—东海饭店

[1] 刘敏.青岛历史文化名城价值评价与文化生态保护更新：[博士学位论文].重庆：重庆大学，2003：248

泉角靠近八大关，东海饭店于1930年代由新瑞和洋行设计，体量和形式都与海岸和汇泉角的自然环境以及八大关建筑群有良好的关系，但旁边的高层东海国际大厦严重破坏了这一地区的自然环境形象和历史建筑群形象。有人痛斥其为"汇泉角上的钉子"，他引用作家卞之琳在《断章》中的"你站在桥上看风景，看风景的人在楼上看你"来批评这座建筑不顾别人的风景。

（a）沿海界面
资料来源：青岛电视台.青岛之窗[EB/oL].http://www.qingdaochina.org

（b）华能（左）—青岛日报社（中）
资料来源：作者拍摄

（c）栈桥宾馆
资料来源：作者拍摄

图2-47　栈桥宾馆—日报社—华能

栈桥宾馆—青岛日报社—华能：栈桥宾馆建于德占时期，华能建于20世纪末，形象与周围的老建筑反差极大，成了文人讽刺建筑师的话题。后来的青岛日报社在很多方面呼应老建筑，除了个别细节尺度稍大和材料颜色显新，算是太平路上最照顾老建筑和老城界面的新建筑了。

第3章 街道及两侧空间用途

街道和两侧的空间用途与人的生活密切相关，本章研究的空间用途不仅仅是街道路面所界定出的空间，还要包括街道两侧建筑，以及场地（如公园、广场、海水浴场）。"城市的人行道，孤立来看，并不重要，其意义很抽象。只有在与建筑物以及它旁边的其他东西，或者附近的其他人行道联系起来时，它的意义才能表现出来。"[1]不同用途的建筑对街道、对生活的影响不同，住宅、商场、电影院、图书馆、市政府的门前的街道，就算铺着同样的人行道板或者具有同样的高宽比，也不会有同样的空间感受和街头活动。有些空间用途如服装店、饭店、书店、银行就在同一条街道上甚至同一座建筑网点里，但是不同店面外会有不同的景象和气氛。一条用途复杂的街道与一条服装街或者五金街，对于逛街的人、路过的人和生活在那的居民有不同的作用。包罗万象的大型超市与台东步行商业街对市民的生活的影响不同。本章对街道及两侧空间用途进行规划学意义上的功能分类，分析街道网的空间形态与人群的居住区位分布、商业空间的多样性、休闲娱乐、庆典、交通的关系。空间用途是研究街道与生活的一条重要线索，把生活与空间联系起来。

3.1 居住空间与人群

本节以芝加哥学派的人类生态学为指导理论。帕克认为"随着时间的推移，城市的每一部分、每个角落都在一定程度上带上了当地居民的特点和品格。城市的各个部分都不可避免地浸染上了当地居民的情感。其效果便是，原来只不过是几何图形式的平面划分形式，现在转化成了邻里，即是说，转化成了有自身情感、传统，有自身历史的小地区。……城市的组织，城市环境的特征，以及城市秩序的特性，最终都是由城市人口的规模决定的，是由这些人口在该地区内集中与分布的形式决定的。因此，研究城市的发展，对城市人口的分布特点进行研究对比，就具有重要意义。"[2]

以居住为主导功能的街区，街道与居住生活有关系，归根到底是与居住在这里的人群有关。一个街区特殊的生活景象和情感是因为居住着一个特殊的人群，同单位、同行业、同阶层、同乡、同民族等，或者异质性很强的混合型居住人群，当这个人群不在了、转移了，这里的生活就发生变化了。不同的人群

---

[1] [加拿大]简·雅各布斯.美国大城市的死与生.金衡山，译.南京：译林出版社，2005：29
[2] [美]帕克 R E，伯吉斯 E N，麦肯齐 R D.城市社会学——芝加哥学派城市研究文集.宋俊岭，吴建华，王登斌，译.北京：华夏出版社，1987：5-6

在居住的空间分布上是有区别的；人群与空间发生了长期的互动，彼此相互影响、相互改变。"卡伦所描绘的迷人空间的出现是因为一个有凝聚力的社团本来就存在；那些空间本身不会带来这样一个社团。"[1]正是不同的人群造就了不同的街道与生活。

3.1.1 人群的居住空间分布

德占时期

德占时期以种族划分居住空间，欧洲人和华人在1911年以前一直是严格分区居住的。欧洲人住在"宽敞或者说完整的建筑区"和"乡间别墅式建筑区"[2]。华人居住在大鲍岛区、东镇、西镇和港口附近的两个工人居住区。而且欧人区不允许建造中式建筑，德占当局拆迁了城区的村庄，南部沿海只留下天后宫和老衙门两座中国传统建筑。华人区和欧人区街道网密度、街段长度、街道宽度、比例、界面等方面的巨大差异正是由于人群的分布差异。

1911年青岛没有像其他一些城市一样发生革命，一些逊清遗老来到青岛。传教士卫礼贤写道："德国当局发现自己面临着一个重大的问题，即如何对待这些逃往过来的人。值得高兴的是，他们采取了正确的态度。只要逃往过来的各党派人士遵从该地的规则和法律，他们就会得到保护。……在青岛以友好的方式接待了第一位客人以后，其他人接踵而至……现在成了古老的中华帝国最重要的人物聚首的地方。其中不少人安居下来。即使他们已经习惯了新的形势，并在年轻的中华民国担任了重要的领导角色，他们还是把青岛作为自己避暑的好去处。在当时的青岛，大臣、将军、总督、各种高级官员、学者和实业界的头面人物聚集一堂。"[3]这些清朝的官员被允许在欧人区居住，十几年的华欧分区的空间图景改变了。他们中很多人出于安全考虑选择在警察局附近买房或建房，集中的地方是湖南路西段、湖北路西段和宁阳路，老百姓称宁阳路为赃官巷。清朝官员的到来不仅改变了人群的空间分布，也改变了青岛的社会阶层状况和文化状况，在此之前华人是社会的中下层，只有几个商界代表有限地参与政务讨论，几乎没有处于社会上层的华人，逊清遗老使青岛有了一个上层社会的华人群体。"青岛的新时期到来了……由于这些人的到来，各种各样的文化和科学学说涌现出来。……这些在知识界颇有影响的人物从四面八方汇聚到青岛。除了定居青岛的人之外，还有些重要人物来此作长期或是短期访问。于是，青岛为古老文化

---

[1] Gutman R.The Street Generation. 转引自：[英]克利夫·芒福汀.街道与广场.张永刚，陆卫东，译.北京：中国建筑工业出版社，2004：141
[2] [德]余凯思.在模范殖民地胶州湾的统治与抵抗.孙立新，译.济南：山东大学出版社，2005：253
[3] [德]卫礼贤.中国心灵.王宇洁，罗敏，朱晋平，译.北京：国际文化出版公司，1998：150-151

最杰出代表的相识提供了一个最好的机会，这在当时中国其他部分都是不可能的。"[1]卫礼贤翻译的《论语》、《孟子》、《大学》、《易经》、《吕氏春秋》、《礼记》等，大部分是在劳乃宣的帮助下完成的。[2]

第一次国民政府时期

王统照在1934年对青岛的不同居住地点的描述，如同一幅渐渐展开的长轴画卷，为后人研究在青岛的第二个城市发展飞跃时期人群的空间分布提供了线索。

"沿着海岸的太平路，莱阳路，随了汽车队的穿行，这真给我以重游的满足。一面是碧波明净的大海，一面是山上参差的楼台。汇泉一带的新建筑与团团的一大片草场那么柔又那么绿，未到公园以前便看见比乡镇赛会热闹得多的游众。……

C君为要另给我一种印象，叫了一部马车把我们载到东西镇去。那像青岛市中心的首、尾。东镇在以前是与市区隔着一条荒凉的马路，两旁还是野田。这些年那条路却成了日本居留民的中心地带。由日本神社的下面往东走，好长的一条辽宁路，两旁的生意至少有一半是挂着日文的招牌。……

东镇原是一个小小的村庄，现在成了工人小贩的居住区。自然，马路、电话、汽车，哪样都有，可是，旧式的黑板门、红门对、小店铺的陈设、冷摊的叫卖者，仿佛到了中国较大的乡村一样。这里很少摩登的式样。有不少的短衣破鞋的男子，与乱拢着髻子仍然穿着旧式衣裤的女人。小孩子光着屁股在街上打架。拾蚌螺的贫女提着柳条筐子从海边回来。这便是青岛的贫民窟么？不对，究竟得算高一级的。不过当我们的马车经过几条冷落的小街道时，看见矮矮的瓦檐下，门口便是土灶，有的还有些豆梗、高粱，似是预备作燃料用的。窄窄的红对联不免有"一元复始，万象更新"的吉利话。三个两个穿红裤子蓝布褂的女人，明明是乡间的农妇，可是满脸厚涂着铅粉、胭脂，向街上时用搜索的眼光找人。经过C君的告诉，我才知道这是最低等的卖淫者，大约是几角钱的代价吧。这边有的是普通工人，干粗活的，拉大车的，有一种需要的消费，便有供给的商品。……

由东镇再转出去，便是著名工厂地带的四方。触目所见全是整齐的红砖房子。银月、大康等日本人的纱厂都在这里。男女工人在上工放工时，沿四方到东镇的马路上，全是他们的足迹。山东全省人民日常穿的粗衣原料，这里便是整批的供给处。…… 四方这地方就因为

---

[1] [德]卫礼贤.中国心灵.王宇洁，罗敏，朱晋平，译.北京：国际文化出版公司，1998：150-151
[2]《易经》是由劳乃宣将原本解读给卫礼贤，然后译成德文。劳乃宣是数学家和语言文字学家，曾主持过浙江大学堂，担任过北京大学堂的总监督（校长）和学部副大臣。心理学家荣格说："我不是汉学家，但接触过《易经》这本伟大非凡的典籍，借此向故友卫礼贤致敬。他翻译的这本典籍《易经》在西方是无可比拟的，在文化上有相当重要的意义。卫礼贤开启了理解这本著作的大道，他曾受教于圣人之徒的劳乃宣。"鲁勇.逊清遗老的青岛时光.青岛：青岛出版社，2006：59，69，70

若干大工厂的关系，变为工人居住的区域。又加上胶济铁路的机厂也在这里，所以我们在这一带所见到的便是短衣密扣的壮年男子、梳辫剪发的花布衣裳的姑娘、煤灰、马路上的尘土，并且可以听到各种机件的响声。

西镇是紧接着青市的中心市区，除了经过火车道上面的一条大桥之外，并无什么界限。虽然也似乎杂乱，却较东镇整齐得多。小商店、与一般职员的住房很多。

日落时马车转到青市的最西偏处。那是著名的马虎窝。海岸上的木板屋与草棚，中间有不少的家庭在这荒凉的地方度日。'这才是青岛的贫民窟。你瞧：与南海岸的高大楼房相比，以为如何？……'C君问我。'那个都市不是这样！到处都是一律。但我总想不到在这美丽的都市也还有这么苦的地方。''傻人！愈是都市愈得需要苦力。没有他们怎么能造成各种享受的事物。一手、一足的力量是一切最需要的。而上级的人士他们宝贵他们的头脑，更宝贵他们的手足。机械还不能支配一切，于是苦力便需要了。所以你以为东镇的小屋是最低等，瞧这儿？……'我在车中不停地注视。矮矮的木屋，有的盖上几十片薄瓦，有的简直是用草坯。鸡栅便在屋旁，疲卧的小狗瞪不起警视的眼睛，与西洋女人身后的狼犬不可比量！全是女人，孩子，她们的男子这时正在赚馒头吃的地方工作，还没有回来。"[1]

王统照的《青岛素描》写了如下几个阶层的居住地点：

上层——高大建筑、公园、浴场的城市中心区和南海岸，为上层富人新开辟的汇泉；

中层——日本居留民集聚的辽宁路，职员较多的西镇；

下层——工人小贩的居住区东镇，工厂和工人居住区四方；贫民窟：马虎窝。

这些地点聚集居住了不同阶层的人群，同时也呈现出迥然不同的街道景象和生活场景，人群的分布延续了德占时期的阶层区位分布规律，上层住宅和公共建筑占据南部沿海，并向东拓展，下层在原来的东西镇和四方工厂区，面积变大，与原来的城区连接起来。

海关后（即小港街区）也是一个重要的中下层居住地点，当年礼贤书院的刘少文老师在《青岛百吟》中写道："海关后为苦工聚集之所，饭摊纷列左右，非地薯粉即高粱饼，所谓人间恶草之食，而鹑衣鸠面者，甘之如饴。此辈专为商家运转货物以资糊口。夜未及半，即车声辘辘满街中矣。"由于靠近小港，居民多与码头有关，"小港一路遍布店铺，几乎全是与港口有关的"[2]。

在一个街区内有时也表现出一定程

---

[1] 王统照.青岛素描.转引自：张蓉.客居青岛.青岛：青岛出版社，1999：3-14
[2] 鲁海.老街故事.第2版.青岛：青岛出版社，2003：170，172

度的同质性聚集，一位档案馆的朋友告诉我，旧时住在鱼山街区金口一、二、三路这三条路上的分别是三种不同职业的人（官、商、文），而黄县路、掖县路聚集的竟然是黄县和掖县来的商人。

开发东部以来

当代青岛的人群在城市中聚集居住在不同的位置，这种差异可以表现出很多东西，比如阶层、收入、籍贯、来青岛居住多久等。这种差异不是绝对的，但确实是普遍存在的，住在小港街区的很可能是几十年在这的老住户而且收入不高，住在崂山区浮山南麓和东麓的常常比较富裕；住在浮山后的既有拆迁安置的老青岛人，又有近些年才来青岛的新移民，很多大学毕业、白领职业、收入中高的中产阶层青年人在浮山后买房子；湛山小区就复杂一些，有改造安置的原来湛山村的居民，也有刚大学毕业在香港路工作为上班方便在这租房子住的青年，有外地来青打工、做生意的暂住者，也有在小区诸多发廊讨生活的发廊妹。从大的区域分布来看，离南部前海越近的地带房价越高，居住的人群处于中上阶层的比例越高，向北房价逐渐降低，人群也趋向中下阶层；西部老城有很多老房子，有些年久失修，房价比较低，越向东开发年代越晚、建筑越新，人群越趋向于中上层。所以人群的富裕程度和阶层在空间分布上，总体呈现由南向北下降、由西向东上升。曾经有居委会主任向市长提出南北差异问题，还有西部老城很多住户收入高了就搬到东部新区去了，其实就是人群空间分布差异的反映。

在过去的乡土中国，人们在城里做官经商，晚年常常告老还乡、荣归故里，重修老宅、祠堂、学堂、街道、水井等，改善乡村环境，例如皖南的村落。过去的人有一种乡村是"根"的观念，而现代城市人大多没有把籍贯乡村当成"根"，也不觉得出生地或者生活的城市中的某个地点是根，即使有那样的想法也鲜有实质性的行动，现代人是漂泊的、无根的。在老城生活的人一旦经济改善就会搬走，去条件好、位置好的小区，一方面是为了改善居住质量，另一方面是想融入中上社会阶层，他们并不倾向于主动花钱来修缮老房子和老街道。他们纳的税由政府统一支配，一般不是用于他们居住的那个街区，近些年主要是用于新区建设和较大范围的路桥工程。台湾明星凌风的事情很有意思，他出生在青岛的湖岛村，2006年湖岛村拆迁改造，他家的老宅面临拆除，他觉得自己的根在湖岛，老房子拆了自己就失去了根，得知湖岛村人是明代从云南迁来的，就决定把老房子的砖瓦运到云南去重建。凌风应该算经济实力较强的人了，但他没有什么办法在这里保留老房子和村落或者改善这里的物质环境，只能任其拆迁，只能将砖瓦运到心目中的更遥远的故土去重建。

3.1.2 青岛民居的类型与层次

鲁海认为:"单体小楼、里、院、棚户是青岛民居的四个层次,也有着不同的文化与人际关系。"[1]但这并不全面,综合《青岛事典》《青岛城市老建筑》等书籍文章以及实地调查,新中国成立前青岛民居的层次应为:1庭院式住宅;2联排式住宅;3公寓;4里;5院、职工宿舍;6棚户。

庭院式住宅

德占时的欧洲人和逊清遗老大多是庭院式住宅(即单体小楼,大多建设时就处于城区,别墅可以归入此类),如湖北路、湖南路、江苏路、沂水路、德县路、栖霞路、莱阳路别墅区,日占时开发的胶州路、上海路、馆陶路、市场一路、聊城路、热河路的日本风格住宅,国民政府时期的大学路北部、齐东路两侧、八大关、太平角,二次日占在热河路、黄台路、莱阳路建设的一些小住宅。另外在四方李沧日本人经营的纺织厂,有少量为工厂高层人员建设的独立住宅。根据庭院住宅的使用情况可以分为独户使用和多户使用,独户的居住标准最高,多户共用一座时居住标准就下降一些,但应该比公寓好,有的一层一户,有的好几户。1930年代闻一多、老舍、萧红、萧军等在青岛居住时,一般租庭院住宅的几间或一层。青岛列入历史建筑的住宅和名人故居绝大多数是庭院住宅。

联排式住宅

纺织厂为高级职员提供的低层联排式住宅。二厂的职员宿舍,与所谓的TownHouse无异,2006年正在拆除,作为青岛稀有的历史建筑类型,实在可惜。

公寓

公寓是具有都市生活特征的住宅类型,青岛的公寓很少,但确实有一些。日占时期在合江路、嫩江路修建了一些公寓。另外还有在西镇的西康别墅,其实也是公寓,"三层单元式格局,一梯两户,全明三室,一卫一厨,还有半地下的储藏室。……作为西康别墅的首批入住者,鲁大公司职员们体验的公寓生活,自然比不得张爱玲笔下的爱丁堡公寓那么生动多彩,也未演绎何等浪漫故事,凭人追忆。然而依山面海,远离喧嚣,这般惬意境界,就算上海大都会的红男绿女也须钦羡几分。抗战胜利后,金城银行接手别墅,原本一家之居分割成团结户,公寓随之沦为杂院。"[2]

里

里也是一种院,分三种类型。第一种,商住结合,如四方路的里,一层全是店面是对外的,二层是住宅,但要从门洞进到院里再上楼梯进入,所以住宅部分是内向性的。第二种,住宅功能的

---

[1] 鲁海.青岛旧事.第2版.青岛:青岛出版社,2003:20
[2] 孙保锋. 西康别墅的城市意象[EB/oL].(2006-10-13).http://club.qingdaonews.com

图3-1　里的分布图（2006年）
资料来源：自绘，根据青岛市测绘院航拍图

的。第三种，宁阳路的里院，是逊清遗老的住宅。由于辛亥革命影响，一些逊清官员移居青岛，在靠近警察局的宁阳路修建住宅，老百姓称为赃官巷。鲁海认为"教员、机关工作人员、军职人员、营业资本500元以上的商人是'里'的住户，因为法律规定这些人不得赁居平民院。""1934年统计，全市有'里'506处，住了10669家，共16701间，多为一户一间，一半是一户两间。里以一门一窗为一间，约18平方米一间。"[1]

里，如小港，一层对外的店面很少，多数都是窗，一二层住户房间都是朝院内

图3-2　云南路的里
资料来源：董梁拍摄

职工宿舍

四方区的棉纺厂职工宿舍，平房，例如"国棉一厂和五厂之宿舍为工人宿舍"[2]。

图3-3　小港街区的里
资料来源：青岛市测绘院航拍图

院

"20世纪30年代有一批平民院，是照顾低收入者，每间月房租一元。"[3]国民政府在西镇建设了八个平民大院，

---

[1] 鲁海.青岛旧事.第2版.青岛：青岛出版社，2003：17-18
[2] 宋连威.青岛城市老建筑.青岛：青岛出版社，2005：9
[3] 鲁海.青岛旧事.第2版.青岛：青岛出版社，2003：17

也称"八大公馆",后来又在四川路北端建设了两个,总计十个[1]。这种住宅的标准很低,一层带吊铺,前后还有一道墙分开,一个剖面上看到的是四户人家。房屋间距只有3米宽,建筑密度60%。图为1958年的调查测绘,每户建筑面积15平方米和22平方米两种。

棚户

较早的是西镇的马虎窝,"从1937年到1947年的10年间,全市由40多万人增至70多万人,而新建的房屋不多,在市区建了许多棚户区。"[2]"台东、仲家洼等处也陆续出现了一些棚户区。房屋低矮阴暗,环境恶劣。"[3]

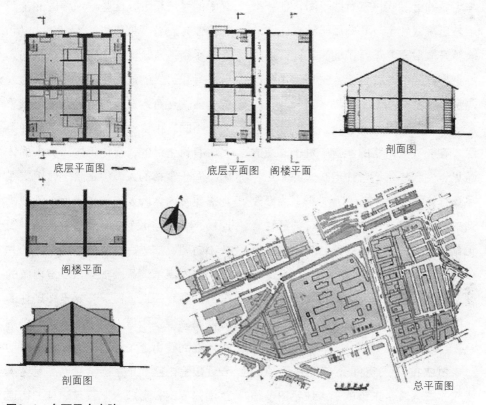

图3-4 台西民众大院
图片来源:中国建筑学会,中国建筑学会青岛分会.青岛——中国建筑学会专题学术讨论会的报告.北京:建筑工程出版社,1958:30

新中国成立后居住空间均质化,平民百姓进入原来的上层居住的住宅区,由于住房紧张多户共同居住在一幢独立住宅里,这种情况到1990年代末还有,例如1998年调研时紫荆关路的一座别墅式的住宅里住着十几户人家。

新中国成立后的住宅类型:独立住宅—联排住宅—封闭小区—开放小区—

---

[1] 王铎.青岛掌故.青岛:青岛出版社,2006:60
[2] 鲁海.青岛旧事.第2版.青岛:青岛出版社,2003:19
[3] 鲍运昌,李国增.青岛民俗.青岛:青岛出版社,1997:27

不成小区的多高层住宅—里—职工宿舍—院—棚户。这里只区分类型，没有加入区位、景观等因素，虽然是否靠海对于居住档次和价位影响很大，但会使分类变得非常复杂和困难。封闭小区、开放小区、不成小区的多高层住宅是新增加的住宅类型，另外东部新建的别墅与老城的庭院式住宅有些不同，在分类上与庭院式住宅一同归属于独立住宅。改革开放后青岛进行了棚改工程，提出不把棚户区带进21世纪，"1999年全市剩余24片棚户区改造完毕"。[1]

老城居民对里院老住宅的感情很深，在一项云南路的调查中对于改造的意见，主张模仿原有住宅重建的50户，尽量维护的2户，保留房屋外形对内部改造的2户，主张新建的55户[2]，前三种意见都是对原住宅有认同感，与新建意见各占一半。

3.1.3 穷人住在哪？

过去的穷人空间分布是在西镇的十个平民大院、东镇的工人住宅以及很多棚户区。穷人如今住在哪？现在棚户区已经消失了，相对贫穷的人住在"里"，空间分布是在西镇云南路一带、中山路北段、小港、武定路一带。还有一些1950年代建设的职工宿舍，如鞍山一路附近的港务局宿舍。1950年代建设的延安路居住区也是低收入人群的居住空间。

"街道的友好气氛被错误地分析为酒吧、街角、小商铺和教堂的功劳。街道上劳动阶层的居民，或家庭以及街道之间的经济纽带，这些根深蒂固的东西的价值并没有任何失去。"[3]Moughtin表达了街道气氛取决于居住在那里的人群。寻找穷人的居住空间也是寻找穷人的生活，在穷人聚居的地方，街道景象大为不同，街上活动的人多，活动种类多，有讨生活的，有休闲的。穷人的休闲不同于富裕的人，中上阶层休闲更多地需要室内休闲设施如咖啡厅、酒吧、剧场、KTV等。没钱的人更多在街道、街头小游园、广场、海水浴场等室外公共空间休闲娱乐，甚至把应该在室内做的家务活拿到街道上做。在延安路居住区可以看到很多街道上活动的人，在小港可以看到在街道上洗菜的人，这些活动表现出室内空间不足。低端商品是穷人生活需要的，形成台东夜市这样的街道场景。海泊公园外的街道是打工者找工作的地方，有低端的小吃摊。

最穷的应该是垃圾村，实际上是新产生的棚户。随着生活水平的提高，生

---

[1] 马泽主.青岛事典.青岛：青岛出版社，2006：398
[2] 汪雪，张伟伟，姜戌杰，等.云南路旧城改造调研报告——问卷调查分析.青岛理工大学建筑系城市规划2000级，2003年
[3] Moughtin J C.The Planters Vision. Nottingham: The University of Nottingham, 1978: 5转引自[英]克利夫·芒福汀.街道与广场.张永刚，陆卫东，译.北京：中国建筑工业出版社，2004：140

活垃圾和废品的产量比以往大大增加。城市中从事回收的人也大大增加，如今青岛的街头和居住小区中经常可以见到收废品的人，也常常可以看到较小的垃圾分类处理的小棚子和规模稍大一点的废品回收站。而在一些边缘地段还出现了垃圾村。其实垃圾村早在建城之初就存在，当时是在团岛，称为破烂市的地方。垃圾村的区位规律是总产生在管理相对薄弱的边缘地段，青岛建设初期团岛还是边缘地段，后来逐渐纳入城区，而如今的边缘地段是北部城乡结合部，以及浮山等自然环境周围与城区相接的地方。

回收废品行业门槛低，是最容易进入的，也是最脏的活。现在严格的户籍制度使这些人很难变成城市人，这种进入城市的方式不像70年前那么有效，即使这座城市中有一些居民很久以前是这样进来的。宁德路发现一个垃圾村，很快就拆除了，但这个人群会因为拆除而消失么？垃圾村的存在与拆除都折射出一些社会问题，垃圾回收的正规企业的能力有限，有实力的民间资本一般不愿意做这种不大风光的工作，个体户一样的农村移民从事这项工作，但又与居民生活、安全等形成矛盾。政府把以前积累的大部分棚户区改造了，很多贫困的老居民搬进安置小区，这也是很多老青岛居民改善居住质量的方式。但对于新形成的垃圾村则立即拆除不让其存在，不接纳那些新来的贫困人群成为城市人。

青岛从早期修港口和铁路，后来工业发展，加上其他地区战乱，新中国成立前一直吸引大量移民。1899年修胶济铁路的短工劳动力，早期住在西大森的工棚，后来在小泥洼村定居，1901年规划改造中整体搬迁至三四百米远的高坡上，称为挪庄，1930年代改造为第七平民大院，来自日照和诸城的人居多[1]。浮山后居住区除了拆迁安置人员，还有很多新移民，近几年来青岛的和刚毕业工作的职员比较集中，最近浮山后出现了一些大规模的封闭小区，环境质量较高，吸引了一些购买力更强的白领。

湛山小区是开放小区，住户门以外的空间公共使用，进出方便。封闭小区不适合开发廊，顾客不能自由出入，同时也正是封闭小区的增加，使得发廊在空间上更加集中于开放小区。很多房主住在别处，把这的房子出租，湛山小区出租房极多，不仅在房产中介可以租到，还可以在小区里碰见地下中介，布告栏后面贴了很多出租房屋的广告，甚至一些出租房的窗户上直接粘贴联系电话。流动人口越多，不想自己住而出租的房屋就越多，出租房的增加进一步吸引了流动人口的聚集，这形成了一个正向循环。湛山小区靠近海边、香港路、商务中心区，去东部市中心和中山路、台东乘车都方便。发廊是色情产业中最

---

[1] 王铎.青岛掌故.青岛：青岛出版社，2006: 20

低档的场所，在湛山小区集中出现是对空间位置、社会状态、居住人群的复杂的反映。发廊在整个小区中并没有占有很大的比例，只是在这些多层住宅楼的一部分底层开店，绝大多数住房还是用于居住的，但流动人口、刚毕业工作的职员租房的比例很高。

3.1.4 城市贫富人群的居住空间分离与税收的关系

中国城市贫富人群的居住空间分离不像美国那么严重，也与其区位规律不同。我们在书籍和电影中都可以看到美国富人常常住在郊区，穷人更多集中在中心区，中国城市很多富人往往住在城市中心区，高层多层都可以，只要面积大就行，这是为什么？原因很多，比如社会心理：美国人对郊区生活的向往，一些中国人怕露富有钱也不买别墅；还有交通状况、人口密度、发展阶段等等。下面讨论的是另外一个方面的原因，税制和税费使用。

税制。美国是累进税制，收入越高交税比例越大[1]。相比之下中国的个税起征点有很大争议。《福布斯》2005年全球调查的52个国家和地区中，中国内地的"税收痛苦指数"位居第二[2]。据统计我国2004年个人所得税65%来自工薪阶层[3]，2001年中国7万亿元的存款总量中，人数不足20%的富人们占有80%的比例，其所交的个人所得税却不及总量的10%。朱镕基说"为什么越富的人越不交税呢？这是不正常的。"[4]这样的税制和税收现状造成了即使富人聚集在郊区形成低密度富人区，并且税收用于本区的公共设施和环境改善，能够收到的税却比较少，不足以形成像中心区那样完善的公共设施体系。

税费使用。美国城市的中心区和郊区是不同的地方政府[5]，各自收税各自使用，逐渐形成富人聚集的郊区税收多、投入多、建设好、环境好、住房好、学校好、医院好……中心区的情况正好相反。而中国城市的支配税费的行政区大，地理上可以跨越中心区和郊区，用地范围可以容纳很多贫富不同的居民，大部分是从平民收来的税用于整个城市的道路、环境改造等，而且越是中心区越出政绩出形象，投入越大……因此富人愿意跟平民住在一个大区里，更愿意挤在中心区附近。郑也夫在《城市社会学》中所说的"穷人帮富人修路"正是这种问题的反映。

"住宅的商品化过程起到了对我国居民以阶层进行重构的作用，相似阶

---

[1] 郑也夫.城市社会学.北京：中国城市出版社，2002：94
[2] 魏雅华.中国税负"痛苦指数"全球第二？[EB/OL].（2005-11-08）.http://news.phoenixtv.com
[3] 唐勇林.调查显示82.5%公众反对个税起征点一刀切.中国青年报，2005-08-29
[4] 朱镕基质疑：国内一些富豪为何不交个人所得税？[EB/OL].（2002-07-02）.http://www.china.com/zh_cn/
[5] 郑也夫.城市社会学.北京：中国城市出版社，2002：94

层的人聚集而居，不同阶层的人在居住空间上分异而居。与高收入阶层相对应的高档住区往往拥有很高的人均居住面积、人均绿地面积以及较高的房屋质量和高水平的环境设施，并且这些住区大多位于城市生态环境质量最优或服务设施最方便的"黄金地段"，甚至某些具有公共空间潜质的生态质量和环境质量最优的地段也被这小部分人占用，而广大中低收入阶层的市民只能居住在拥挤、偏僻或服务及环境质量较低下的地区。"[1]尽管当前隔离不那么严重，但空间隔离的趋势还是明显的。从青岛目前的发展趋势来看，低收入居民较多的地方留不住富起来的人，也得不到投资改善，趋向于一直贫穷，直到改造工程把那里拆迁，低收入人群并不是消失而是换个地方。另一方面高档小区、封闭小区趋向增多，人群趋向于空间隔离。

3.2 商业空间与多样性

本节以简·雅各布斯人本主义城市规划思想中的街道多样性的观点作为指导。老城经历了几十年百年的积淀，人们或适应或修改了城市空间、功能、设施，进入了一种比较平衡的状态。在供暖、供气、上下水、厕所等方面是落后的，但在市场、小商店、公交、学校等方面是比较完善的，与新区相比是更平衡的。新区处在建设阶段或者建成初期，有些服务设施尚未形成，经过时间的积淀、人与空间的互动，可能会逐渐完备。有的街道本来两侧都是多层住宅的端头，渐渐地底层开店和加建的沿街平房形成了服务设施的街道界面，这些小店使街道更有生气和活力。生活的需要通过时间积淀来改变形态上的缺点，使人与空间彼此更加适应。这种情况就是简·雅各布斯所说的："在那些成功的或能吸引众多来人的城市地区，街道从来不会消失。恰恰相反，在可能的情况下，它们的数量往往趋于增加。……以前曾经是中心街段后面的小巷现在都变成了街道。"[2]东部新区的"香港花园"小区内出现了小街道，两侧由原来的一层住宅改变为店铺，与老城的商业街道（大鲍岛区的四方路等）有神似之处，这并不是规划的，而是人们在这种空间生活的过程中根据需要转变了空间用途，是自发的行为。

1960年代以来心理学家的实验表明"幼儿年龄越大，越偏爱复杂的刺激……对成人的实验也表明了同一倾向"，例如三个月大的幼儿对灰色板不屑一顾，旅客偏爱靠窗观景是为了消除单调带来的厌烦，经过秦岭山地时旅客向窗外观望的次数和时间远远高于华北平原[1]。这为简·雅各布斯所注重的多样性提供了心理学支持。

---

[1] 李建东. 城市住区居住品质研究：[硕士学位论文].重庆：重庆大学建筑城规学院，2005：15
[2] [加拿大]简·雅各布斯.美国大城市的死与生.金衡山，译.南京：译林出版社，2005：205

3.2.1 店铺与路

湛山大路有一段在湛山村内，由于路面窄改在村外，商店和住房随之建设在新路两侧，这段路又一次成为瓶颈，于是又一次南移，现在的香港西路是在第三次改线的湛山大路上建成的[2]。从现在的青岛地图上可以看出明显的改线的痕迹，这说明了店铺与路的一种关系，首先汽车增加造成店铺增加，然后店铺增加导致堵车增加，最后道路要摆脱店铺，改线之后再启动一个新的循环。今天宽阔的香港路并没有摆脱堵车的困扰，在高峰时段香港路全线堵车，结构性的原因是香港路贯穿中心区，两侧各种机构、公司、宾馆和商场等"巨型店铺"林立，有大量的白领工作岗位，这样的路段很难不堵车。道路交通摆脱店铺的最极端的动作是上天和入地，上天就是高架路，这样可以与两侧的建筑分隔，然而东西快速路有时也会堵车，堵得像高架停车场；入地就是修地铁，现在还没建成。

在青岛新建的商业网点房空置比较常见，而自建或老房子的一层门面房空置却不多，这种情况表明了后一种低租金的门面房供应量不足，而且街道上很需要这些小店面提供服务丰富的生活环境。云南路的调查表明86.7%的居民希望改建后增加商业网点，以提供就业机会[3]。

青岛规定新建住宅小区中，规划管理部门不得批准建设底层为营业房的住宅楼[4]（规定针对多层住宅，高层仍可以有网点）。好处是避免网点对上面住户造成干扰，缺点是减少了沿街店面供应，减少了街道商业服务与街道生活，降低了方便程度，减少了住宅多样性和价格梯度，没能充分开发沿街土地价值。比如浮山后某小区临劲松三路和辽阳西路都没有网点店面，临街住宅的山墙面和入口面都通过绿化带和围墙与人行道隔离开，这样的街道没有生活气息。减少网点供给量，就增加了租赁费用，减少了提供就业机会的可能性，提高了农民进城从事三产的门槛，一定程度上阻碍了城市化进程。其禁止的范围过于宽泛，它排除了很多如小卖店等对楼上住户没有干扰的服务功能存在的可能性。应该规定得更细致一些，允许一些有益无害的空间用途出现，比如改为：上面有住宅的网点禁止经营某几类对住宅有干扰的内容，如饭店、浴池、

---

[1] 林玉莲，胡正凡.环境心理学.第2版.北京：中国建筑工业出版社，2006：177
[2] 鲁海.老街故事.第2版.青岛：青岛出版社，2003：78
[3] 汪雪，张伟伟，姜戍杰，等.云南路旧城改造调研报告——问卷调查分析.青岛理工大学建筑系城市规划2000级，2003
[4] 青岛市人民政府关于清理整治住宅小区内利用房屋从事营业活动的通告.2002年8月5日.青政发〔2002〕77号发布.见：青岛市建设委员会.青岛市建设法规大全（1979—2003）青岛：青岛市建设委员会，2003：418

KTV等，可以经营商店、服装店、冷饮咖啡等没有烟尘、噪音、水汽的内容。这种方式需要规划、建设、工商、城管等多部门长期协作，是复杂而困难的。这反过来或许可以说明正是因为复杂和困难，而试图通过一个部门用一条规定解决，他部门把问题推给规划，才采用当前的规定。

街坊的土地经济价值是"金角银边草肚皮"，角和边应该用于商业店面。小区规划也能够反映出对院落内向性的向往，然而其规模过大，并不是把院放大到小区还可以继承院的优点，譬如里院是一个小街坊一个院甚至几个院，尤其是以居住为主的街区，院内几十户人规模合适，空间大小合适，院外底层对着街道开店。然而小区往往尺度大，是一个很大的院，户数多，且没有形成对交往有效的院空间，而所能提供的金角银边又少了一些，大街坊比小街坊的划分提供更少的城市道路和沿街店面，相当于封闭了一些小路，增加其外城市道路的压力。

3.2.2 退路进室削弱了街道的公共生活

小学生黄飘扬这样描写江南小镇的街道，"街面窄得可怜，两旁的街房，屋檐对着房檐，只剩下一扁担宽的亮光，那是天。……各种店面一户挨着一户，使人喘不过气来。街上的人又十分多……还有那松脆可口的芝麻烧饼，一个三十来岁的阿姨在大声叫卖着；那又蹦又跳的鱼虾，从盆子里溅出许多水花；竹篓里的鸡鸭时而伸长脖子叫着，时而望着往来的行人……可不知为什么，我是那么地爱家乡的这条街道！"[1]这是中国传统的街市，其间喧闹的生活是最吸引人的，是小作者爱这条街道的原因。假设把这些搬进室内的市场，市场会那么可爱么，街道还会像原来那么可爱么？

图3-5 黄岛路的街市

传统的以街为市的公共生活在青岛也是存在的，退路进室政策改善了买卖的物质环境，使街道整洁卫生，但也削弱了街道生活，从日常街市生活转换为室内市场生活。现在仍可见的街市是黄岛路，逛到那里有一种体验青岛老百姓市井生活的感觉，再加上两旁二三层

---

[1] 黄飘扬.拥挤的街道.中小学作文教学(小学版), 2005（11）

的建筑和脚下迷人的石板路，使黄岛路成为摄影爱好者和旅行者探访的地方。目前保留的夜市还有台东威海路、人和路、四方的方中园等，沂水路和西镇等有早市。对云南路居民的调查表明购物最常去的地方是早市和夜市，选择率为66.7%，选择超市的15.6%，购物方便的附近小店12.5%[1]。退路进室使得公共生活室内化，削弱了街道的公共生活。佳世客室外步行街的萧条与佳世客室内街的繁荣形成强烈对比，商业从街道转入大商场，室内街道是中上阶层的生活需要，利群、佳世客等购物环境好、舒适，吸引了中上层消费人群。"飞速发展的信息社会也加速了生活的室内化。人们的购物和游玩等活动几乎都在室内进行，在室外的集会逐渐减少。"[2]

3.2.3 特色街与多样性的矛盾

《还我咖啡馆》中说道一个法国的小镇形成了中国服装街，"小镇上的居民原来是欢迎温州商人的，但自从他们把小街上的所有商铺全部租下改成服装店以后，他们却愤怒了。居民们认为这些服装店破坏了这条小街上的'生态'，他们要买汉堡，现在买不到了；想喝一杯咖啡，现在也喝不到了，满眼都是服装。"居民们走上街头进行抗议，要求归还他们的咖啡馆。作者接着说："在我们身边，对于一条街的命运，市民是没有发言权的。而且，在每个城市，管理者总是有意无意让一条街有一个主题，譬如服装一条街、五金一条街、家具一条街、酒吧一条街……对于这些，我们大都是持欢迎和推崇态度的。但我们都没有想到这些'一条街'给居住在那里的居民带来的不便。"[3]

酒吧和咖啡店在欧美城市对街道街区具有积极作用，简·雅各布斯认为"商店、酒吧和饭店能够以不同的方式维护人行道的安全"[4]，这是因为酒吧和咖啡店是欧洲人、美国人生活中重要的公共场所，很多街道上都有，很多人都会去家附近的店喝一杯聊一聊，是生活习惯。然而酒吧并不是大多数而只是一部分中国人的生活习惯，这种情况造成了中国城市的酒吧并不能广泛地散布在各个街区和街道，而是积聚形成酒吧街面向全市服务。泡吧是中青年的时尚生活，且要有一定的经济收入，因为中国的城市里酒吧大多消费较贵，并不是像欧美那样可以作为日常消费。人们从城市不同的地方来到酒吧集中的地方，而不是像欧美人到自己家附近，自己社区街道上。这样，对于酒吧街周围

---

[1] 汪雪, 张伟伟, 姜戍杰, 等. 云南路旧城改造调研报告——问卷调查分析. 青岛理工大学建筑系城市规划2000级, 2003
[2] [日]中村攻. 儿童易遭侵犯空间的分析及其对策. 卡米力·肖开提, 章俊华, 译. 北京: 中国建筑工业出版社, 2006: 226
[3] 流沙. 还我咖啡馆读者. 兰州: 甘肃人民出版社. 2006.7. 原载于武汉晚报2005年12月26日
[4] [加拿大]简·雅各布斯. 美国大城市的死与生. 金衡山, 译. 南京: 译林出版社, 2005: 37

的居民来说主要是一种外来人的打扰，有一些酒吧比较喧闹，路边还常常停满车子。另外，这个消费群体也吸引了色情服务者在这里聚集，据说有的城市的酒吧街上有很多拉皮条的，这更使居民感到不安。一个关于北京什刹海历史街区酒吧的调查表明：消费者来自内城、外省和国外的分别占58.7%、17.5%、11.1%，远远大于来自周边社区9.5%的比例。当地大部分居民没有从酒吧繁荣中受益，没有光顾过酒吧也不打算去，他们认为酒吧影响了他们正常生活，占据了活动空间，破坏了当地的卫生治安环境和原本安谧的氛围。居民对于经营活动带来干扰，主张把酒吧迁出该地区的高达38%[1]。青岛东部新区的香港花园、漳州一路一带也形成了酒吧集中的街道，除了繁荣，也带来一些问题，比如安全感受方面，这儿的小区似乎还不如有很多发廊的湛山小区让人放心。

特色街当然有很多优点，比如繁荣的景象、聚集的效应、产业的发展、更多的税收等。但这不能表明特色街就是完美的。特色街的缺点是，面向全市，城市中不同地点的消费人群在营业时间在这些街道上聚集，然后又走了，在非营业时间这里就没有人了。既不像多种用途混合的街道，其营业时间不会高度一致，可以延长有行人的时间段；也不像面对本街区或本街道的商店、菜店等，这些店广泛分布，街道上可以在较长时间段都有人并且有很多本街道居民，为他们提供了一些认识和交往的机会，增加对街道的监视，有效地维护街道的安全。有一些是下店上宅或外店内宅，店主就是街道的居民，这些本街店主会比租店面的店主更倾向于维护街道整洁和安全。而特色街的店面，店主和顾客都住在别处，下班就走了，他们不倾向于维护，他们不认为自己有义务维护这里的安全。人们对自己的房子总是爱惜，对租的房子则过度使用，这个道理很好理解，可以解释为什么一些商业街和租房子多的地方脏乱差。

100个酒吧、100个服装店、100个书店分散在100条街道上，这些街道会更丰富多样，更有利于安全和交往。相比之下，集中成3条专业街，对于有偏好的市民来说是方便了，降低了逛同一种店的时间成本和交通成本，对于店来说，由于集聚效应可能增加营业额，而对另外97条街道和那里的居民是打击。他们失去了日常生活可达范围里的可以使生活丰富的公共场所，他们大多数又不能经常去酒吧街、服装街或书店街，他们失去了多样性这个宝贵的财富，生活变得单调。生活在专业街的人不单调吗？谁会饶有兴趣地每天都逛一条所有的店都卖同一种商品的街呢？可是住在这就不得不每天在这条街上溜达。

---

[1] 姜珊，宋楠，胡莹.北京大学环境学院城市与区域规划系."流行"碰撞"传统"——酒吧进入什刹海历史街区影响的调查报告//高等学校城市规划专业指导委员会，天津大学建筑学院城市规划系.全国大学生城市规划社会调查获奖作品（2005）.北京：中国建筑工业出版社，2006：34-35

一条特色街形成的过程如同外地物种侵入本地的过程，专业店的聚集对原来街道上的店铺是强势的。登州路要打造啤酒街时进行了业态调整，一家图文公司就被劝改为饭店了。一条特色街发展到一定程度，集聚效应发挥作用，一种类型的店铺最赚钱，房租提高，更多的这类店铺想进来，其他类型的店无力竞争只好搬走，多样性受到了极大的削弱。"本来应该是综合性的生活，却在被限定的零部件上分散地进行。如果将所说的教育在学校、买东西在超市、体育在练习场、小组活动在集会设施这些零部件进行分类，就会发现各自零部件的单一功能正在被纯化。而所说的地域商店街在不仅有菜铺和鱼铺，而且还酝酿着集购物、教育、散步和交流活动于一身的复合性的机能却正在被人们所抛弃。""生活被一个一个的机能细分化，空间被纯化，如果仅从各自机能看的话，一般认为是进步的；但如果从生活者的角度看，不相关空间的存在则意味着它的机能正在从生活中丧失。"[1]

讨论多样性需要提一下本章没有专门讨论的功能类型，文化建筑在居民多的区域可以发挥更大的作用，增加街区的多样性和活力。但它们集中在一起时就失去了这些作用，虽然它们是一类的同属于文化建筑，但正因如此它们在人的活动安排中是重复的冲突的，一个博物馆可以看3个小时，看完之后为什么还要去展览馆再看3个小时？然后晚上又去剧场？文化建筑集中在一起的意义是什么？集中在城市边缘的意义是什么？在东部的文化中心，你只能坐公交或小车来看一个展览或参加一个大型活动，然后坐车离开。这是一个很大的区域，除了大型的文化建筑博物馆展览馆等，没有什么可以买东西吃饭或者逛逛的去处，这像是一个专门的景点。就好像老舍公园和雕塑公园的差别，前者就在老城的街道旁边，不经意就逛了，而后者离主要的城区那么远，没事谁会去呢？

---

[1] [日]中村攻.儿童易遭侵犯空间的分析及其对策.卡米力·肖开提，章俊华，译.北京：中国建筑工业出版社，2006: 225-226

3.2.4 商业街比较

表3 商业分类统计

商业类别	台东三路步行街 数量(处)	台东三路步行街 比例(%)	中山路 数量(处)	中山路 比例(%)	香港路 数量(处)	香港路 比例(%)
大型综合商场	3	2	4	3	3	14
中小型专业商店	108	73	92	65	2	9
餐饮	16	11	22	16	3	14
宾馆	5	3	3	2	2	9
服务	8	5	14	10	1	5
文化娱乐	3	2	1	1	3	14
金融	4	3	4	3	5	23
商务、办公			1	1	3	14
合计	147	100	141	100	22	100

对青岛市三个主要商业区中的主商业街进行比较，中山路截取1000米，大体是国货至发达商厦；香港路截取1000米，从家乐福到颐中假日酒店；台东三路步行街只有750米。在店铺总数上，台东三路以中山路四分之三的长度提供了稍多一点的店铺，香港路的总数很少，主要因为很多是大型机构设施。在大型综合商场上，三条街差不多，但中小型专业商店和餐饮上，台东三路和中山路远远领先于香港路。香港路大型商务办公、金融、宾馆、商场几项之和占总数60%，是商业商务区。

台东三路最短却提供了最多的店铺，中山路次之，香港路提供大型设施，这与三条街道的形态非常吻合，台东三路街段最多，有13段，中山路有12段，香港路这1000米只有4段。台东能够成为首位的商业区，有历史、区位、街区形态和街道网密度多方面的原因。台东的密方格街道网是在德占初期形成，由于大鲍岛一带华人区建设拆迁促成了杨家村的一块空地发展成为台东镇，并在台东设集市，据资料记载1899年底建成台东镇主要街道和建筑，可见在100年前就是华人的商业空间。1930年代，台东及周边地区人口急剧增加，商业不断发展，已经形成台东三路中心商业街，在与人和路交叉口形成繁荣的商业中心，由于当时台东一带的居民以低收入者为主，也使当时经营的商品主要是中低档商品。1970年代末—1990年代，台东逐年进行了整体改造拆迁，最主要的改变是大量多层住宅、商业建筑出现，台东商业区的商业功能不断完善，建设了台东三路步行街，改建老字号利群商厦，引进沃尔玛等大型商场，中小型服装服饰商铺云集,人气极旺。虽然建筑大多6~7层,但路网大部分仍然基本沿用,一些建筑跨越几个街坊改变了路网的局部。2004年步行街进行了环境改造,增加设施,以公共艺术壁画的形式美化建筑立面,建设了两处小型街头广场,使台东三路步行街及整个台东商业区整体的购物环境取得较大改善。可以说今天的台东与30年前相比面目全非了,但如果你走在台东的街道上,会发现每个街段都很短,沿街建筑长度从40多米到100多米,多为一个街坊一栋独立的建筑,走一小段就会遇到一个路口,这种步行感受就是来源于台东独特的密方格街道网,最初时的格子大小是64米×38米,因此有人说"台东就像上帝扔下来的棋盘"[1]。台东在20世纪末成为青岛首位的商业区,首先是区位决定的,中山路和香港路靠南部沿海太近,偏离城市的几何中心太远。而其他方面也有一些促进因素,在空间形态上,台东的密方格街道网对于形成一个大型的商业区极为有利,与台东三路相交的九条街道以及平行的台东一路、二路、六路是台东商业区主要的商业街道,沿路两侧均有商业店面,威海路是出入步行街的主要途经道路,公交线路集中,以两侧的商业设施与台东三路步行街形成了一种商业的联动发展,其他街道如菜市一路、人和路等发展小型商业专卖店,人和路依托步行街的人气聚集与商业氛围发展夜市,大成路、台东六路、东光路等街道沿街设餐饮、娱乐等服务设施,针对不同消费群体的错位经营,形成内容上的互补关系。正是密路网、短街段,才使得周围的街道能够更多地与台东三路配合、互补、共赢,才能造就这样一个丰富多样的商业区。

图3-6 台东三路步行街
资料来源:城市中国,2006(11):69

街道形态给人们带来的距离感很不同,逛中山路从发达走到国货是很平

---

[1] 文史学者于佐臣在青岛电视台的"对话QTV"电视节目中引用贝麦的说法。

常的,并不觉得有1000米那么远;逛台东不仅在台东三路上走一个来回,还要带上人和路步行街,总计要走超过1500米,也不会感觉这是很长一段路;然而香港路从家乐福到佳世客给人的感觉很远,似乎是靠脚很难走到的地方,大部分人不会逛过去而是坐车,其实两个建筑的最近点直线距离只有600米,从门到门的步行距离也只有800米,中间只隔三个路口却让人感觉十分遥远。

到中山路可以先逛街,这里既有小店、专卖店如阿迪达斯、耐克、班尼路、小七等,又有大型的商场百盛、发达、国货(与公共生活有关的部分是地下一层超市到地上几层的商场,高层部分没有这种用途,高层部分并没有对城市景观和公共生活作出贡献)。然后去红星或者中国看场电影,最后去美达尔吃烤鱿鱼,去红辣椒吃清水鱼或者去春和楼吃正宗的鲁菜,也可以找到麦当劳,还可以去易州路的秦晋刀削面馆来一碗油泼面。有人写文章提到秦晋面馆深得白领的喜爱,还有专门开车来吃面的。附近有青岛独立书店的翘首学苑书店和汉京书店。在这里步行可以有丰富的选择、丰富的体验、丰富的可能性。

"重要的不是生活的一个个片段,而是生活的总体质量。因此,思考生活的各个部分与其他部分的关系以及如何使之综合发展是很有必要的。在这种看法的转变过程中,我们就不是只寻求在大型购物中心的便利,而是也有可能重新评估地区商店街的变化,并且据此创造出一个将购物、享受各种便利与儿童培育相结合的环境。"[1]

3.3 休闲空间与街头娱乐

3.3.1 广场—山头公园

当代中国的广场是舶来品,有的国外著作里称其为宽街,就是街道变宽的地方。从西蒂的《城市建设艺术》中看到欧洲过去的经典的广场一般是由建筑围合而成的空间,是街道汇聚变宽的地方,是街道体系的一部分。西蒂的时代已经出现了由街道围成的尺度大的广场,后来更加严重了,国内很多广场都是这种西蒂反对的形式,建筑围合的程度更低,尺度更大。从形态上,这两种广场不能混为一谈,由于青岛特殊的历史,两种类型的广场都有。老城有总督府前广场、天主教堂广场、泰安路天桥广场等建筑围合感强、尺度较小,火车站广场在建设后很长一段时期里也是围合较好的,老舍公园名为公园,给人的感觉也比较像小广场,虽然两侧是路,但路外侧有建筑和围墙,总体宽度不大,尺度感好,空间比例合宜。后建设的广场有汇泉广场、五四广场、音乐广场等,尺度大,空间比例大,视野开阔,建筑围合感弱。

---

[1] [日]中村攻.儿童易遭侵犯空间的分析及其对策.卡米力·肖开提,章俊华,译.北京:中国建筑工业出版社,2006:225-226

青岛是没有城墙的城市,但青岛并不是没有防御的城市,德占时用炮台体系进行防御,当代学者张树枫找到了整个炮台堡垒防御体系的位置和遗迹[1]。国民政府1935年《大青岛发展计划图》沿海泊河—炮台路(今延安三路)规划一系列炮台公园(其位置与张树枫找到的步兵防御线堡垒体系相吻合),太平山、青岛山、汇泉角、团岛作为园林地,将青岛城市的防御体系作为城市公园,与梁思城先生保留北京城市防御体系城墙形成城墙公园的构想是殊途同归。1935年规划的炮台公园没有形成,但山头在城市建设中保留下来作为公园,并且这种思路一直延续下来,青岛有一个规定是海拔60米以上不允许建设,现在城区里有很多公园都是山头:太平山、青岛山、贮水山、观海山、信号山、小鱼山等。因此形成的城市景观既有依山的建筑群又留下了山头绿地,不像有些山地城市,山头上也布满建筑,只见建筑不见山。很多山头附近的老人每天都上山活动,以步行健身的方式串连使用街道和山头,成为一个健身步行体系。

3.3.2 八大关—八条街道

八大关的街道路路有景观,每一条街道上的行道树加上可以看到的庭院里的树形成了最动人的街道风景。拍八大关的照片要么是街道、要么是绿地,建筑隐藏在树丛后面,常常是树的背景。八大关的街道是开放的、自由通行的,并且提供了20~30块的大小绿地,密度很高,同时庭院绿地又可以在街道上看到,围墙围住的是一个院子而不是整个街区。八大关从房屋产权比例看,近一半属于疗养院。从使用上,居住的比例还是比较小的,居民较少,居住生活并不明显,市民和外地游客的休闲活动比较常见,尤其有很多拍婚纱照的新人,所以八大关与生活相关的部分,主要是作为公共空间与公共生活相关。人们向外地人介绍八大关的时候,常常讲是八条以关命名的马路(实际是十条路)。这里的街道都是属于城市的、属于市民的、属于游客的,八大关为所有的人提供了景色优美的公共空间。

八大关的小型商业服务设施很少,仅有的一点集中在荣成路,而其他街道

图3-7 在八大关拍婚纱照的新人
资料来源:作者拍摄

---

[1] 步兵防御线为小湛山南堡垒—小湛山北堡垒—中央堡垒—台东镇堡垒—海岸堡垒,沿海炮台为汇泉角炮台—团岛炮台—台西镇炮台,山头炮台为太平山炮台—青岛山炮台。《探索·发现》电视纪录片《青岛要塞2堡垒探密》.中央电视台10频道,2006-03-24

想找个小卖店也不容易,荣成路生活气息比里面的街道要浓,小卖店、菜点、饭店、咖啡厅、宾馆,这些空间用途出现在荣成路的沿街建筑里。街道上的行人也多了一些,有赶路的、散步的、抱着小孩聊天的老人、遛狗的。形成不同的街道场景有一个很重要的原因是,荣成路位于八大关整个街区的西边缘。八大关南邻浴场,北邻中山公园,东邻同样是庭院建筑街区的太平角,只有西面的荣成路第二排近些年建设了多层住宅,再向西还有。这些多层住宅提高了居民密度,增加了对生活服务设施的需要,造成了本街区居民在街道上活动的景象。同样是这些多层住宅,对八大关历史街区的建筑风貌产生了破坏作用,看到它们就感觉到八大关的边缘,八大关的结束。

八大关对于青岛是有重要意义的,八大关为市民和游客提供了一个景观环境极佳的公共空间,对城市的贡献与东部常见的别墅区有如天壤之别。虽然这是一个庭院建筑的街区,但不能简单地说它是别墅区,那会造成严重的误解。在崂山区可以看到的别墅区都是用围栏全部围起来的,其内部的街道和绿地是属于小集体的,对于城市和市民只有在小区外面看一看的景观意义。作为住宅区和疗养区,相比城市中任何一个住宅小区或者疗养院,八大关为市民和游客提供了更多的公共空间;而作为公共空间,这里的景色显然要好过五四广场、汇泉广场,比收门票的中山公园更有公共意义。

3.3.3 海水浴场与街道

海水浴场是青岛重要的休闲空间公共空间,是青岛的特色和亮点。本地居民和游客大量使用的空间,聚集人多,第一海水浴场高峰每天15万~18万人。洗海澡是西方人的休闲方式,德占时期开辟了维多利亚湾浴场(现第一海水浴场),军乐团每周还有演出。开始时中国人并不能接受,1912年逊清遗老清史馆长赵尔巽在饭店看到身穿泳衣的外国人的说"洋人虽强,终是蛮夷,一点儿文化也不讲,不可理喻"[1]。到了1930年代的青岛洗海澡作为休闲活动已经扩展到了社会中层。老舍说"身子瘦得像排骨,不必到浴场展览,孩子们闹着去,总是胡絮青带了去",他在自己少有的抒情散文《五月的青岛》中写下"青岛的人怎么能忘记下海呢"[2]。可见洗海澡已经本土化并成为青岛自己的特点。游泳、泳装、沙滩、晒太阳、沙雕、沙滩排球、沙滩足球、帆船这些洋气的东西成为青岛人生活的一部分。易中天写道:"青岛的年轻人,甚至可以坦然地穿着泳装穿过街市走向海滩的。那是一种美的展示,也是一种美的享受,而他们的城市,也像他们一样,

---

[1] 鲁勇.逊清遗老的青岛时光.青岛:青岛出版社,2006:2
[2] 鲁海.作家与青岛.青岛:青岛出版社,2006:170,171,178

健康美丽，落落大方。"[1] 对于那些看到的人从不能接受到接受，表现了社会心理的变化，从这一点上看，青岛人由于海水浴场的存在和洗海澡的休闲方式，相比于很多城市更加张扬、开放。

过去海水浴场对旁边街道的影响只是会看到拿着泳圈和穿着泳装的人，最近几年发生了变化，第一海水浴场拆除了原来的更衣室建筑群（一栋一栋的小房子），改为半地下更衣室，屋顶平台与街道相通，整个浴场向街道敞开，视野开阔，从而使大海、沙滩和浴场中人们的活动成为南海路的街道景观。第三海水浴场改造也把更衣室集中，形成了大面积向街道开敞的区域。老城的4个海水浴场已经从原来的1个开敞（第六海水浴场）变为3个开敞，这表现出一种变化的趋势。海水浴场向街道开敞在短短几年就完成了转变，极大地丰富了街道的视觉感受，同时也反映出快速建设带来的快速变化，并且是一边倒的增加街道景观的思考角度，对于给浴场里的人和城市居民带来什么影响并没有太多考虑。过去海水浴场和街道之间有更衣室建筑群和树木作为隔离带，现在两个空间没有了隔离和遮挡，成为连在一起的空间。几年前只有第六海水浴场在街道视线内的时候，可以感觉到第六海水浴场更有舞台感，街道就像它的观众席，有些在第六海水浴场活动的人比在第一海水浴场的人更有表演意识，如打沙滩排球时表现出来的张扬、故作淡定和对晒黑的皮肤的炫耀等，沙滩和人行道近在咫尺，只有高差限定，浴场里的人和人行道上的人互相看得一清二楚，很多人不去第六海水浴场游泳，可能是意识到那个浴场在街道上可以一览无余。第三海水浴场在改造前有时候可以看到附近的大夫穿白大褂到沙滩上换泳衣，相当于一个简易的更衣室，这种行为比较特别又有内敛的成分。改造后的第三海水浴场向街道敞开，不知道这种更衣行

图3-8 一浴改造前，更衣室建筑群把浴场和街道分隔开
资料来源：青岛电视台.青岛之窗[EB/oL].http://www.qingdaochina.org

图3-9 一浴改造后，半地下更衣室，屋顶平台与街道相通，浴场向街道敞开
资料来源：作者拍摄

[1] 易中天.读城记.第3版.上海：上海文艺出版社，2006：22

为是否还会发生,环境的变化对人们是一种考验和选择,也许使人更加张扬、无所顾忌,或者已经超出其心理承受能力、使其在完全开敞的空间里更保守。其实这种考验、选择和分化,不仅是对换衣的人,对所有在浴场活动的人和所有在街道上看的人都有影响,失去屏障之后的空间环境迫使人们趋向于更张扬或者趋向于更保守,物质空间环境的变化悄悄地影响着这座城市的社会心理。把浴场向街道开敞,可以提升滨海景观、街道景观,扩大浴场改造带来的景观影响,在街道上能看到的事具有更大公共意义,不能武断地说这是形象工程,但确实是一种出形象的改造方式。

3.3.4 街头休闲游戏活动

吃海鲜、喝啤酒、打勾级、洗海澡是青岛人生活的速写,青岛人亲睐海鲜尤其是小海鲜如蛤蜊、海虹、扇贝等。不仅在家吃,也在饭店吃、在路边摊上吃,路边摊上吃烤肉是很多城市都有的,但小海鲜加啤酒就是青岛特色了。

1903年在登州路建设的啤酒厂(现在的青岛啤酒厂),一百年来形成了这个城市独特的饮酒习惯,青岛人爱喝啤酒,新中国成立后啤酒成为普通市民生活的一部分,青岛的城市啤酒消费量位居全国第二。青岛办啤酒节,修建了啤酒城,口号是"青岛与世界干杯"。德占时的登州路是郊区很荒凉,近年形成啤酒街,重新铺上马牙石人行道。啤酒节期间啤酒街晚上车辆禁行,整条街上摆满了桌子,一片狂欢的景象。整个夏天啤酒都是生活中重要的角色,大街小巷的小卖店饭店门口都有啤酒桶,很多人提着一两袋子啤酒回家,是青岛的街头一景。"青岛人的啤酒情缘在日常生活中表现得无处不在,走在青岛街头,有少年提着装了啤酒的塑料袋轻跃而过,滴水不漏是手中的酒。——青岛人用塑料袋装啤酒,方便得前所未有的工具和豪爽得一塌糊涂的随意相映成趣。路边的小摊随处可见笑得满脸花开的大嫂,手下的铁桶依稀仿佛是火车上装茶水用的直径一米的铁桶——那是卖啤酒的。"[1]

海泊河公园西南角外面的人行道上,有很多人聚集在一起打扑克,人群分成一个个小圆圈,外面总是有很多人围着看。仅仅一墙之隔(实际上是透空的栏杆),人们没有选择在公园里面而是聚集在外面打牌,个中原因值得回味,雅各布斯所说的人行道与公园的差别,在这个地方似乎有所体现。我发现这里的人行道其实是很宽的,中间有几个花坛,但如果说这是个小游园未免太简陋了。人行道对于人的生活的意义怎么能仅仅局限于交通呢?提到人行道不能只想到行走而想不到打招呼、驻足交谈、打牌下棋。青岛人喜欢的打法叫"勾级",很多人认为这是李沧区的工人发明的。其中有一些名词很有文化意

---

[1] 在痛爱中走过的城市 青岛,你为什么这么粗心? [EB/OL].(2003-12-19).http://www.qingdaonews.com

味，有人认为可能源于当年逃到青岛的逊清遗老。青岛人对勾级很痴迷，在家里打、在茶馆打、在网上打，也有很多是在街边人行道上打，到老城区经常可以看到坐着马扎围成一圈打勾级的人。

图3-10 街头活动——打牌
资料来源：王宁拍摄

街头曾经是小孩的游戏空间，青岛电视台生活在线栏目搞了一系列很有趣的老游戏大赛，很多年龄段的人聚一起玩自己儿时的老游戏，有一些已经在生活中消失了，现在的小孩不会玩儿也没看过那些。滚铁环、打陀螺、丢沙包等，过去大多是在街道上玩儿的游戏，现在街道上已经不适合玩儿这些游戏了，小孩也不在街道上玩儿了，街道作为游戏空间的作用大大削弱了。需要注意的是这次老游戏大赛在体育场举行，这个地点选择本身就说明了街道的变化。

青岛常见的老人的街头活动有打扑克、下棋、遛鸟等。还有一些老人喜欢坐着马扎聊天，或者就是坐在那看。很多老人每天拎着马扎出去溜达一圈，走累了就停下来在人行道边上放下马扎坐着歇一歇、看一会。有位老师曾经问一位老太太在看什么，她的回答令人叫绝，即深刻如哲学又是朴实的大白话，她说"看世界"。

图3-11 街头活动——遛鸟

图3-12 街头活动——聊天，看世界
资料来源：任锡海.任锡海摄影集：波螺蚰子·五角大楼.青岛：青岛出版社，1999：37

街头比较开阔的场地，比如商场门前、小游园、开放小区的广场，常常可以看到健身的人，以中老年人为主，尤其是早上和晚上，活动种类很多，打拳、跳健身操、跳舞等等。近些年有一些国外的街头活动流传进来，比如街舞、滑板、直排轮、小轮车、街头篮球、街头足球、涂鸦等。虽然平时并不可以常常看到，但从事和热衷这些活动的人群是存在的，他们会在一些特定的地点开展自己的活动。2000年我在音乐广场看到一些小孩儿在玩滑旱冰，跑来跑去十分开心，吸引了游客的目光，后来一群玩自行车的少年出现了，他们做出了一些诸如旋转、跳跃、下台阶这些很炫目的动作，引起了在广场上游玩和休息的人的兴趣，而那些滑旱冰的小孩则沮丧地说"他们抢了我们的风头"。有一次在香港路我还看到一个滑直排轮的队伍。有一个影视作品叫《滑板少年》就是在青岛拍的。

3.3.5 穴位

一个街区、一段街道或者一个室外小空间只有几个点上聚集了人进行社会交往活动，而且总是这几个点，这里就是穴位。王军讲述菊儿胡同的一个穴位是一个公共厕所外面，经常有人在这里搞小规模的聚集活动，以至于有人开玩笑地称之为"WC俱乐部"。在青岛的小港可以观察到穴位一般是在路口、"里"的门洞外、药店幼儿园等设施附近，邻里的聊天活动一般在这些位置门洞口；路口，常常是打牌下棋的地方：一个药店的门口旁边成了老人聊天和看世界之处，还有一个特殊的小空地在街道上，看起来是拆除了一个房子，形成了街道旁空间扩大的变化，这也是一个打牌的地点，但使用的情况不如路口人行道。

我观察过一个多层开放小区有两个下棋打牌的地方，第一个是路口修鞋摊旁边，修鞋的师傅常常跟人下棋，有时他忙着生意，别人在那下棋，傍晚会聚集一两组人打扑克，这个地方聚集的几乎全是这里的居民。有趣的是这个穴位在一座多层住宅的西端，而东端也有一个修鞋摊，但那里从来没有形成牌局。原因可能不止一两个，空间上，没牌局的地方是东西两面有住宅，西面住宅使其失去了下午的阳光，10米左右宽度的地方全是铺装，虽然车不多但由于南北方向是通的而使这里成为人车共用的通道，没有明确的人车领域划分；而有牌局的地方只有3米铺装的人行道，旁边的伸出来一段幼儿园的栅栏截断了人行道，形成了两面围合的小场所，并且所处路口车不太多，另外街道对面是小花园，使得街道这边的小场所视线开阔一些，下午阳光充足，这也许是那个少有人去的小花园对于社区活动的唯一贡献。然而旁边的小花园，有绿草灌木、铺地、坐椅、廊架，就是没有人活动，观察十次有八九次一个人也没有。看到这种差异还能说：小区绿地是活动的场所，街道的主要功能是交通？

第二个穴位是一个小空地，是收废品者打牌和休息的地方，并不是总有人聚在那儿，有时每天都有，也有时几天才可以看到一次，然而这个街区里的其他地方就没有看到过有人坐下来打牌了。对这个穴位观察发现，随着天气的变化，具体的打牌位置也在十几米的范围内发生一些变化，最有趣的是根据天气变化做出的调整，尤其是对阳光的态

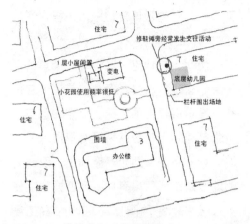

图3-13 穴位分析（修鞋摊旁）

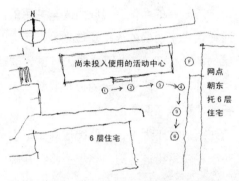

图3-14 穴位分析（收废品者的打牌地点）

度。夏天太阳晒时，会在有楼影的位置上，不晒时在靠近活动中心的墙边上可以照到阳光，秋天气温下降需要充足阳光，人们偶尔到西面高一点的平台上，那里南面的低矮的一层建筑一点也不影响阳光，而有大风的时候，就搬到活动中心与住宅楼之间的凹入空间（图示中F位置），这个地方可以避风。冬天随着太阳高度角的变化，住宅楼影子越来越长，而打牌的位置越来越向不被楼影覆盖的地方移动，这是一个追逐阳光的过程。突然有一天这些人出现在一个很久不去的位置，原来是阴天没有太阳。从这个观察也可以发现，树荫要比楼影好得多，夏天树叶可以挡阳光，冬天叶子落了就可以透阳光，而建筑阴影越是需要阳光的季节越对场地活动不利。

3.4 节庆空间与街头庆典

帕克认为城市是一种心理状态，是各种礼俗和传统构成的整体，是这些礼俗中所包含，并随传统而流传的那些统一思想和感情所构成的整体，城市并非简单的物质现象和人工构筑物，城市已同其居民们的各种重要生活密切地联系在一起，城市是根植在它的居民的风俗习惯之中的[1]。

节庆活动如庙会、节日、婚庆是城市中人们的重要公共活动，较多地使用街道和广场公园等户外空间，这些空间更能满足人流的大量聚集，并把节庆的气氛传播扩散。虽然很多街道都会出现节庆活动，并不是所有的街道都会成为重要的场所，在庙会活动中，庙门前的街道和空地才是最重要的场所；而在节日的各种庆祝活动中，一般是广场成为活动场所；在婚庆中，娘家、婆家楼下（一般就是入口附近一小块地方）和酒店门前则成为重要的场所。

---

[1] [美]帕克 R E, 伯吉斯 E N, 麦肯齐 R D.城市社会学——芝加哥学派城市研究文集.宋俊岭，吴建华，王登斌，译.北京：华夏出版社，1987：1-4

3.4.1 节会

青岛最主要的传统庙会是天后宫庙会[1]、萝卜会[2]、糖球会[3]，一方面主题与农民、渔民有关，一方面是与吃有关的庙会，并且三个主要庙会都在正月，即农闲的季节。萝卜会与种萝卜的农民有关系，天后宫庙会、糖球会的初衷与渔民的民俗关系紧密，而萝卜和糖球是由于原来附近出产才成为庙会主角。过去农历三月十五，天后宫举行盛大的祭海活动也与渔民有关。以上这些特征都是农业时代的体现，由于青岛工业化和城市化的发展，这些庙会所处的区域都已经成为城区，与农村和渔村的距离越来越远，现在市区已经没有祭海活动，周围村镇还有，最为有名的是周各庄祭海。三个庙会的地点依附于天后宫、清溪庵和海云庵，庙会形成的时间都有几百年，这三个庙会传承至今不仅反映了地域民俗文化的脉络，也体现了民俗文化地点的区位分布脉络，三个地点分别在过去的青岛村、台东镇和四方村，现在属于由南向北的三个区：市南区、市北区、四方区，并且都靠近各区的主要商圈。过去青岛地区的人们的最主要的公共活动集中在这三个地点进行。活动不仅使用了庙前的场地，也使用了周围的很多街道，例如萝卜会时"道口路、登州路、台东一路、顺兴路、昌乐路、辽宁路挤满了赶会的人流"[4]，现在萝卜会和元宵山会合并在贮水山举行，如果清溪庵没有在"文革"中被拆除，1990年代恢复萝卜会时应该还是在清

图3-15　糖球会对街道的使用

---

[1] 旧时青岛人正月要赶天后宫庙会，场地在太平路天后宫门前的海滩上，商家照例来烧香磕头祭祀海神娘娘，到处挤满看光景的人群。主要的特色是唱大戏，门前六台"对台戏"，唱到正月十五，搭台的有茂腔、柳腔、京剧、河北梆子、相声等等，本地外地戏班都有。王铎.青岛掌故.青岛：青岛出版社，2006：295-296

[2] 农历正月初九在台东镇清溪庵前举办三天萝卜会，赶庙会的人群从四面八方涌来，道口路、登州路、台东一路、顺兴路、昌乐路、辽宁路挤满了赶会的人群。这时吃萝卜有"咬春""开春""尝春"（"长春"的谐音）的意思。萝卜会也是民间演出的盛会，会上有耍龙灯、舞狮子、踩高跷、扭秧歌、跑旱船、大鼓书、山东快板、数来宝、八角鼓、天津快板、相声。王铎.青岛掌故.青岛：青岛出版社，2006：296-297

[3] 每年第一个大潮日正月十六为庙会，由于附近盛产山楂，商贩做成糖球叫卖而被成为海云庵糖球会。会上茂腔、柳腔、皮影等民间艺术活动丰富。鲍运昌，李国增.青岛民俗.青岛：青岛出版社，1997：91-92

[4] 王铎.青岛掌故.青岛：青岛出版社，2006：296-297

图3—16 糖球会上的戏曲表演

图3-17 啤酒节期间的登州路啤酒街
资料来源：张岩，风亮，拍摄.青岛画报，2006（04）：19

溪庵，从庵附近的街道转到山上这种地点的变迁也反映出文化民俗所受到的伤害。庙会的主题也发生了转变，改革开放以后庙会多演化为文化和商贸集会，文化搭台经贸唱戏的味道很浓，所以现在的庙会似乎与商品、促销、商业、商机的关系更为密切。过去庙会上的戏曲、快板、相声等表演已经几近消失，地方戏曲等民间艺术的衰微使得这些庙会成为民间艺术少有的展示舞台，但相比于商贸活动的发展，所占的比例逐步降低，庙会物质商品层面的东西很多，文化精神层面的东西变少了。2007年的糖球会举行了一些民俗表演，吸引了很多市民来看，而有人专门带小孩来看，有些人不是出于对某种艺术的热衷，而是这些民俗艺术已经变得罕见了。

此外还有一个在青岛成为城市之后形成的湛山寺庙会，这个庙会是宗教主题的，与前面几个世俗大众的庙会很不同，参加的民众以善男信女为主，在寺外街道也有一些商品买卖活动，形成的街道景象有很浓的宗教色彩。

青岛啤酒节十几年前刚开办时会场是在老城内的汇泉广场，后来改在东部的啤酒城。我国的啤酒节在最近十几年如雨后春笋一般冒出一大堆，其实大多是以促销为目的，真正依托本地居民对啤酒的偏爱以及本地有历史悠久的啤酒厂的不多，哈尔滨和青岛的啤酒节是有群众基础的，市民消费啤酒量是中国城市的前两名，又都有百年的啤酒厂。世界上最好的啤酒节德国的慕尼黑啤酒节，是在一块开放的大草坪上进行的，青岛啤酒城是一个封闭的主题公园式的场地，这种方式有点背离啤酒节作为市民节日和狂欢节的本意，最近几年有所改变，在汇泉广场和登州路啤酒街设分会场。尤其是啤酒街，采用限时禁车的方式使用街道空间，是在汽车时代里还街道于人。啤酒节这个新兴节会是工业文明和城市文化的反映，这与传统庙会不同，啤酒节的表演形式以现代歌舞、音乐、模特大赛等为主，没有为民俗艺术提供舞台。

从总的趋势上看，节会活动对街道空间的使用弱化了，巨型建筑吸纳了一些原来需要在室外空间开展的活动，例如会展中心等，街道的公共活动有弱化的趋势，街道的公共性降低了；另一方面室外空间的节庆活动也有新的发展，例如糖球会的嘉禾路小吃街、啤酒节期间的登州路啤酒街。

3.4.2 婚庆

《街头文化》中写道："城市公共空间是举办庆典仪式的极好场所，一般街头的表演总是强烈地反映出地方文化的特色，吸引了大量的观众……正如C.吉尔斯所指出的'仪式不仅仅是一种表达，而且是社会交往的一种形式'……像婚礼、葬礼和庆祝孩子出生等活动，通过在公共空间的表现，家庭基本上把私人的庆祝变成了公共庆典活动。送葬虽然是在办丧事，但也经常演变成一种公共娱乐。举办者希望从其排场中，从街边大摆筵席和唱大戏中，尽可能地吸引更多的围观者，来展示死者和死者家庭的荣耀。这也是人们经常把婚礼和葬礼一起称为'红白喜事'的原因。"[1]

旧时青岛地区的婚俗与山东其他地区大体相同，对街道的使用在婚期前一天的"送嫁妆"就开始了，富户雇佣挑夫抬嫁妆，由男傧陪送，送嫁妆的队伍浩浩荡荡，贫寒人家将常用的衣服被褥等必需用品托人送到男家[2]。这个环节在青岛现在的婚俗中已经简化掉了。[3]

在迎亲的过程中有一些细节具有寓意、表演性和观赏性，使得两个家族的婚礼变成了街坊邻居甚至所有碰到的路人的公共活动。起轿时新娘母亲或嫂子把一瓢水泼向门外，意思是嫁出去的闺女和泼出去的水一样，无法收回，希望新人一直生活在一起。新娘手里拿一条手帕，路上遇到另家结婚队伍可与另家新娘交换，换后可视为姊妹[4]。新郎穿长袍马褂配十字花大红绸子，当轿夫抬

---

[1] 王笛.街头文化——成都公共空间、下层民众与地方政治，1870—1930.李德英，谢继华，邓丽，译.北京：中国人民大学出版社，2006：64-65

[2] 婚礼当天富户雇两乘轿子（新郎坐的叫官轿，新娘坐的叫花轿），一般人家雇花轿一乘。男方到女方家迎娶，新娘离家时两脚不能沾土，要由兄弟抱着上轿。现在有的新郎被要求抱新娘下楼，可能就是从这个习俗演化而来的。鲍运昌，李国增.青岛民俗.青岛：青岛出版社，1997：41

[3] 值得一提的是订婚后男方向女方送"定亲礼"的环节，这个短暂简单的仪式是在室内的，然而韩国婚俗有一个相似的仪式"纳币"是在室外的。由男方未婚的亲友将装有聘礼的箱子送往女家，这个习俗在现代韩国婚俗中还存在，并且使用女方家外的街道空间，新郎的亲友提着灯笼，其中一个戴面具背着聘礼箱子，他们向女方的亲友讨要装钱的信封，女方的亲友拿出一些酒菜仍然不能打动他们，双方吵吵闹闹，而女方父母只是看热闹。在现代化程度更高的韩国，婚俗中传统的部分虽然也有简化，但仍然保留了一些相对复杂的环节，并没有把很多环节压缩到一天，而且不顾麻烦地使用街道空间，其中穿韩服和行礼等更能体现出对传统文化风俗的坚持。

[4] 鲍运昌，李国增.青岛民俗.青岛：青岛出版社，1997：42

图3-18 迎亲队伍鼓乐齐鸣的热闹景象
资料来源：青图网络.画说青岛[EB/oL].http://www.qdlib.net

至闹市，吹鼓手用唢呐奏出热烈欢畅的传统迎亲曲牌，将迎亲气氛推至高潮，轿夫抖起精神，迈起似舞步一般欢快的小碎步，将轿子有节奏地颠簸着[1]。李建东认为浩浩荡荡的迎亲队伍引得众人围观，演绎着婚礼在公共空间中的一段仪式，这样的过程既能展示婚礼举办者的荣耀和欢庆，同时也成了公共的娱乐活动，为人们的公共生活增添了丰富的内容。

当代婚庆仪式比过去简单很多了，但也保留了一些重要环节。青岛的婚俗变迁是个有趣的课题，最早是本地的村镇风俗，与山东其他地区大体一致，德占之后华人居住地出现了城区、镇和村的差异，相应的城区很可能有所变化，有理由怀疑婚礼是否受到欧洲人的影响，因为有资料显示红白事中的另一种即葬礼中出现了德国军乐队。新中国成立后婚礼一度从简，在改革开放以后，青岛又有很多新移民，他们对于婚礼仪式越来越倾向于在本地习俗的基础上简化和变通[2]。

当代青岛的婚庆对街道空间的使用是从拍婚纱照开始的，穿着婚纱拍外景的新娘是青岛沿海的一道风景，在八大关的街道和沙滩比较集中，也有一些在太平角、基督教堂、东部新城区海边拍的。一年四季都有，即使冬天的八大关，还是能够看到很多穿婚纱的新娘。如果是平常日子、新人成群结队、帮忙的人少、用相机，一般是拍婚纱照；而如果是吉日、新人一对、帮忙的人多、用摄像机，应该是结婚当天拍外景录像。

婚礼当天首先是贴路喜，从新房附近的大路开始贴在墙、电线杆等，要求是每个转弯都要看到喜字，一直贴进楼道，到新房的门喜为止，也有的把新房所在单元的楼梯扶手上扎上很多彩色气

---

[1] 这几句话是对青岛地区下辖的平度旧时迎亲队伍的描写。孙鹏航.逝去的岁月——胶东半岛上的老故事.北京：作家出版社，2005：78
[2] 比如按习俗应该从娘家接新娘，由于娘家不在青岛，而新娘早晨必须到影楼化妆，于是有的就变通为从化妆的地方接回新房。

球。这样把婚礼的氛围扩大出去，让很多周围的街坊邻居也感受到一点婚礼的线索和气氛。

与过去最大的变化是迎亲使用汽车，这个变化不只是交通工具的升级，更大的影响是由于行进速度提高和只能看到车看不到人，公众不再围观，没有了人看人的乐趣，没有了轿夫的舞步、吹鼓手的表演、迎亲队伍的排场，路上的民众没有兴趣、没有乐趣、也看不到什么。现在车队虽然也使用了街道，但只是快速通过，能看到的只有车队和花饰，唯一能够引起注意的就是车队的档次和规模了，因此很长一个时期，讲排场的家庭往往攀比车型和数量，近几年由于倡导婚礼从简、反对排场、禁止公车私用，这种风气变淡了。而最近出现在车上出花样的创意婚礼车队，是由车友会组织的，彼此唯一的关系就是买了同一种车，一般通过网络和电话联络，婚礼当天上午有兴趣、有时间的车友集合，同一种车型组成浩浩荡荡的车队去接新娘，这种婚礼青岛2006年报纸上就报道了两三次。还有一种是集体婚礼使用新车型的公交车作为车队，场面也很壮观，也有用自行车、三轮车等。这些有新意的、有趣的车队吸引了公众的目光，但也只是短暂的一瞬，对婚礼的公共性、娱乐性、观赏性，对街道公共性的作用，对公众生活的贡献，与花轿时代不可同日而语。

接新娘从娘家下楼走到车上，有女方亲友的欢送，过程很简单。更具有仪式性的活动是到达新郎家楼下时[1]，新房附近的邻里可以感受到婚庆气氛，但只是围观而以，不像过去邻里相识可以参与其中，现在邻里交往少，婚礼更加私人化、家庭化。从新房出发有时也会安排到风景好的地方拍外景录像，拍外景将结婚当天新人的风采与景点联系起来，同时也把喜庆的气氛传播出去。

过去在新郎家举行婚礼仪式和摆酒早已改变为在酒店进行，到达酒店时的仪式是一个小高潮[2]，时间也很短，由于酒店的位置一般不在居民区，围观的人群主要是亲友。虽然是在公共空间举行的大张旗鼓的仪式，但参与和观看的人群有限，对大众的公共生活贡献很小。栈桥宾馆靠近比较重要的景区栈桥，门前太平路游人很多，旅游旺季在这类靠近游线的宾馆门前举行的仪式具有比较高的公共性、观赏性和表现地域文化的意义。

总体上说婚庆的公共性比过去减弱，注重室内的部分，最高潮是在酒店里举行的典礼，不论是在新娘家、新郎家还是在酒店，室内的仪式时间比室外要长很多，程序步骤虽经过简化依然比室外复杂，室外除了拍外景，几个仪式的时间都很短，走过去、上车、下车、

---

[1] 亲友放拉炮撒花，楼梯口外面设置一个气球拱门，新人穿过之后亲友将气球扎破发出如爆竹的响声。
[2] 从下车到走进大门，一般有气球门、横幅、撒花、炮仗、小礼炮，讲排场的还有舞狮子和乐队，亲友欢呼鼓掌簇拥新人进入酒店。

进门等,过去有的家会把酒席摆在院子里,现在都在酒店室内。婚庆的宾朋常常是新郎新娘和双方家长的全部或重要的社会关系的反映,现在主要构成是亲戚、同学、朋友、同事,地缘关系的邻里的缺席表明现代人的生活更加私密、邻里关系淡漠、不再重视地缘关系。从室内外的时间分配和资金分配上都可以看出当代婚礼重室内的倾向,这也是现代生活更加注重室内的一个反映。李建东认为:"随着时代的变迁,红白事仪式所具有的公共性在逐渐减弱,原来所能带来的公共生活也在逐渐消失。这只是街头公共生活减少的一个小方面,但是从这一个侧面确实可以看出,科技时代的巨大变化从某种程度上使我们的生活慢慢变得私人化,公共性渐渐变淡,公共生活在我们的生活中开始变得越来越少,而公共生活的减少则意味着交往的减少,最终在一定程度上促使了人情冷漠状况的加剧。"

3.5 交通空间与路权

交通不应该是街道最重要的功能。交通,具体地说是车,在我们的城市规划中特别受重视,而人,具体地说是城市中的大多数普通人受到了轻视。

扬·盖尔认为很多城市都有负责调查交通问题的部门,因此交通常在城市规划的过程中得到很大关注,"然而,却没有城市设立关注市民、行人及公共生活的部门,也很少有城市收集市民是如何利用他们城市的资料。因此,在城市规划过程中,人的因素几乎被忽略掉了。"[1]我们的城市有与规划部门平级的交通部门,但没有负责研究调查和关注人如何使用公共空间的同级部门,所以在城市规划中交通表现出强势。丹麦的哥本哈根从1962年开始用几十年时间由一座以汽车为主导的城市转变为以人为主导的城市,这是很多方面努力的结果,其中一个很有意味的地方是现在交通和规划是同一个局[2],不论在转变的过程中是不是,至少适应现在的以人为主导的哥本哈根是一个合并的局。

3.5.1 青岛为什么堵车?

根据对司机的访谈总结青岛最容易堵车的地方:(1)台东;(2)香港路全线;(3)快速路;(4)延安三路江西路口;(5)南京路江西路口;(6)南京路辽阳路口;(7)延安三路快速路桥;(8)大学路齐东路口;(9)莱阳路太平路旅游旺季;(10)重庆路;(11)三零八国道。

---

[1] [丹麦]扬·盖尔,拉尔斯·吉姆松.公共空间·公共生活.汤羽扬,王兵,戚军,译.北京:中国建筑工业出版社,2003:5

[2] 为《公共空间·公共生活》作序的是哥本哈根市政府第四局(交通和规划)局长。[丹麦]扬·盖尔,拉尔斯·吉姆松.公共空间·公共生活.汤羽扬,王兵,戚军,译.北京:中国建筑工业出版社,2003:6

根据访谈总结青岛堵车的原因：

第一是车多。司机认为："最主要的原因还是车多，高峰时，车就是太多，过不去，走不快，走不动。"而且越来越多，道路容纳不了那么多车，青岛市目前共有机动车110余万辆，其中小汽车40余万辆，而且还以平均每天200余辆的速度递增[1]。而青岛道路系统规划的远期道路网优化方案是路网密度达到8.4公里/平方公里，容纳100万至110万辆机动车出行[2]。可见青岛的城市道路相对于汽车的增长已经接近饱和。小汽车高速增长的同时是新手司机的增多。出租车司机口述："高峰时段堵车，事故造成堵车的情况比较少，有些是二把刀（新手或能力差）抢行、占错道等，最怕的是二把刀看不准时机，抢到中间，灯又变了，这个时候就进退不是。（这时见到一个例证）前面的车在路口直行道上左转，后面的车怎么办？跑在他后面多花时间，但要从左转车道上直行，他又转不过去。这种车在路口一晃，灯就过去了，很容易增加堵车。"为了经济大力发展汽车工业却不顾城市物质空间的承受能力。普通老百姓也可以拥有自己的汽车是很让人向往的，改变了汽车原来只是一少部分人的特权的局面，这是一种平等和进步，但都开着私家车上班是城市承受不了的。我国是自行车王国，1980年代、1990年代自行车挤满大街的照片很多人都有印象，试想全都换成小汽车街道能容纳下么？可以断定上下班开小车的人越多路上越堵，目前的汽车工业的发展、价格下降、人们对有车生活的向往会使这种情况越来越严重。每一户都有权力拥有私家车，但城市没有能力让每一户都开私家车上下班，私家车应该用于非高峰时段和旅游，上下班还是应该主要依靠公共交通。另外有的国家控制小汽车进入中心区，或者禁止单人开车进入中心区，而我们的城市有关部门把拼车视为非法运输，与缓解交通压力背道而驰。

第二是超大格子路网。城市规划造成了街道网的形态，超大格子路网、大街坊住宅区的模式造成了低密度路网，小区的道路内化而不能作为城市道路使用，其实就相当于把老城的小方格路网中的一部分封起来当小区内部道路用。一条街道拓宽到原来的两倍并不能获得两倍的通行能力，车道从中间向外通行能力逐渐下降，车道越多平均效率越低，增加一条街道的效率比拓宽原有街道的通行能力高多了。新中国成立后的城市规划学习苏联的模式，以主次干道、大街坊、居住区的方式改造和建设城市，为了大街坊内部的安静而增加了外面道路的压力和拥堵程度。通过路网1000米×1000米取样比较，可以明显看出，老城的路网比新城区密，老城路网

---

[1] 青岛车位紧缺催生新现象 单位停车场对外开放收费[EB/oL].（2006-03-31）.http://www.21class.com/resource/library/text.asp?id=21985
[2] 陆锡明,等.城市交通战略.北京：中国建筑工业出版社,2006：154

最稀疏的是八大关，而那是低密度的庭院建筑区，在30年代建设时是郊区。而新城越是靠近中心区路网越疏。

图3-19　1000米×1000米取样
上图为取样方分布，其他12张小图为分图
资料来源：根据青岛市城市分区规划1998—2010（市南分区）道路交通规划图；（市北分区）道路交通规划图综合绘制

第三是路宽。近十年总是看到通过扩路和修宽马路的方式来缓解交通，除了上面说的效率低，宽路给过街的人带来麻烦，曾经有学者批评有些城市的大马路很宽而信号灯短，行人需要跑过去。青岛的香港路还比较人性化，为适应路宽而加长信号灯的时间，但反过来也使汽车停下来的时间很长，所以香港路也常堵车。有司机说："香港路高峰时全线堵车，因为信号灯时间长，每个都是一百多秒，然而时间长并不是因为过马路的人多，而是因为等级高，路宽，过马路需要时间长，就是几个人过去，也需要很长时间，所以宽马路速度上不去，容易堵。"有一段时间旁边的东海路维修封闭，香港路堵得一塌糊涂，封闭一条路就增加这么大的压力，

由此我们也可以想象那些封闭小区和"通而不畅"的开放小区封闭了多少道路，给剩下的道路增加了多少压力。

第四是公共交通。公交优先得还不够，如果公共交通体系能够快速舒适高效，很多人就会选择公共交通上下班。发展公交的目标不是为了不堵车，而是为了提高城市交通的效率。根据纽约和巴黎的经验来看，建立完善的地铁网是最有效的方式之一，但需要很长时间和很大的经济投入。另一个好方法是强化公共汽车，在库里蒂巴的街道上车辆很少行人很多，隐含着一种交通与规划的决策。有的国内城市已经开始学习库里蒂巴，但可惜的是当成先进技术来学，而不是学习他们的观念，库里蒂巴最核心的东西是对人的尊重和对路权的分配，他们的一种观念实在应该作为城市规划史上的经典：是为少数人还是为大多数人的城市。杭州在搞快速公交（BRT）的过程中引起很多争议，很多开小车的人反对。一个小孩去北京玩的时候说："爸爸，我知道为什么要搞快速公交了，要是大家都开小汽车上路，杭州也和北京一样堵了！"美国能源基金会顾问、交通专家徐康明说："在BRT引入初期，有人更快，必定有人更慢，这很正常。引入BRT本身就是道路资源的重新分配，是路权的调整。"[1]BRT是技术层面的东西，可能有问题，需要观察，但路权的调整是观念层面的东西，要改

---

[1] 杭州快速公交引发诸多质疑 政府面临魄力考验.中国经济时报，2006-08-23

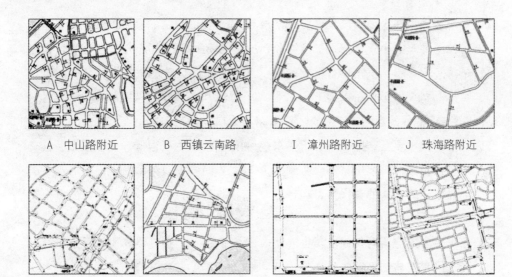

图3-20 老城路网取样

图3-21 新城区路网取样

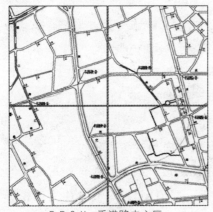

图3-22 新城区中心区路网取样

变郑也夫所说的穷人给富人修路的局面,就应该重新分配路权。大多数人应该拥有大多数路权,大多数人的公共交通使用更多的路面和高峰时段。

第五是其他原因。一些堵车与天气变化相伴,阴雾雨天常会堵车,一方面下雨使乘车变得更加必要,另一方面天气影响了驾车者的情绪,可能比平时更容易急躁、抢行和违章。青岛除四条路外,其他的单行线允许出租车通行,但这个规定是一个部门通过媒体发布的,交警并没有执行,而是根据道路标志标示牌处理,还是在罚款。

3.5.2 汽车改变生活

汽车对城市人的生活影响是巨大的,有车人的生活改变很好理解,甚至不需要费脑筋去想,铺天盖地的汽车广告和车友交流体会已经告诉我们,有车人的生活发生了怎样的变化。而无车人的生活方式有没有变化呢?汽车不只改变了有车人的生活,也改变了无车人的生活,改变了所有城市人的生活。首先家长不放心孩子在街上玩了,最主要的原因就是车太多,这种不安全感达到很高的程度,很多孩子上下学都有家长接送,甚至小区里的街道也不安全,有报

079

道说一个老太太在小区大门里面被从路边停车位上倒车的小汽车撞倒。噪声和尾气是第二个影响，汽车运行发出的噪声、鸣笛、刹车声影响了街道上人的活动，也影响了居民的生活，临路的住宅噪音大，居住质量要低一些。还有很多车安了防盗报警器，深夜里常常会听到那种循环播放千篇一律的警报声，声音之大，很可能确实防盗，但也扰民。尾气污染促进热岛效应，对气候变暖推波助澜，使市民哮喘与肺癌等疾病增多。汽车停满小区路边，住宅出现底层车库，连滨海步行道上都能看见停车场。人们在上班路上堵、在立交桥上绕、在地下通道里钻、在斑马线上跑、在家里警告孩子不要到街上玩的时候，生活没有被改变吗？街道是人的空间还是车的空间？交通是以人为主还是以车为主？

3.5.3 交通模式与城市

发展哪一种交通方式作为主导，会明显地影响城市发展和城市生活。青岛由于丘陵特点不适宜骑自行车，所以公交发达，并且在单行道可以安排公交线双向车道。以地面公交车为主导的交通方式是适合青岛的，如果继续加强公交，使公交车占有更多的路面和停靠区域，能够更准时更快捷地到达，加密班次提高车内舒适度，会吸引更多市民乘坐公交，对高峰时段小汽车形成抑制作用，进而使人们会更愿意选择公交更加依赖公交。大量的乘客群维持公交的生存也促进公交的发展，可以使车型更新、发班间隔变短、舒适度提高，促进整个城市的交通效率提高。

以小汽车为主导的交通方式适合于人口与建筑密度小而尺度大的城市，例如洛杉矶密度很低、面积很大、公交难以维持高发班频率，在洛杉矶没有小车很难行动，去年获得艾美奖的电视剧《反恐24小时》有大量的汽车追踪和街道上的情节，选在洛杉矶拍摄是有原因的。纽约、东京这样高密度的城市主要依靠地铁网，同时也比洛杉矶更能支撑起地铁网。青岛城市建设越往南密度越大，尤其是香港路两侧集中了大量的白领工作岗位，造成大量小车挤在香港路上，东西快速路也堵车，停车场不足，这种交通并不适合成为青岛的主导方式，至少在市南区和市北区已经看到很严重的问题。

地铁由于投资大建设周期长，早期只能形成干线，不能形成密度大的网络，还必须借助公交才能完成在城市两点的运输，换乘交通工具不方便、效率降低，花掉一部分地铁节省下来的时间。地铁也对同路线的公交带来冲击，削弱这一地区的公交网。在若干年后，地铁形成网络会非常有作用和效率。

青岛最适合的交通方式是以公交为主导，抑制小汽车，逐步发展地铁和城铁。佳士客和家乐福有自己的停车场，这也是这两个超市兴旺的原因之一，东部商业区必须也确实能够提供停车场，但中山路和台东现在不能提供足够的停车场，通过商业区改造建设停车场需要很多年的时间，同时提供停车场需要的土地和空间很难跟上小汽车增长的速度。发展公共交通为主导的方式可以使商业中心区减少停车场不足的压力。

3.5.4 路权

不妨打个比方，我们把街道比喻成人体血管，假设血管中有三种运送营养的血液细胞，第一种步行细胞，速度慢、体积小、运送的距离小，但他们在每一段距离上都发挥作用。第二种公交车细胞，速度中、体积大，但都是几十个步行细胞成组运动，它在每一段距离放下并吸收一些步行细胞，一方面在每一个站点发挥作用，另一方面通过搭载的方式加快步行细胞速度，延长步行细胞运动的距离，通过与步行细胞的配合在每一段都发挥作用。第三种小汽车细胞，速度快、体积中，从一点到另一点有目的运动，只在接触点上发挥作用，大多每次只搭乘1~2个步行细胞。当细胞太多发生血管堵塞时，应该怎么办呢？是拓宽和增加血管吗？是血管搭桥吗？这些手术听起来比修路可怕多了，似乎也没有什么根治的希望。由于细胞太多造成的血管堵塞，当然应该限制那些体积与运送效率不匹配的小汽车细胞。

交通问题是不是可以通过调整路权的配给来改善呢？由于步行在每一处每一段都发挥作用，是无论如何都要首先保障的（城市道路中是否把行人放在第一位呢？）。公交车和小汽车哪一种应增加路权配给呢？青岛每天上百万人次坐公交，要使步行发挥作用于每一部分，不能光靠走，要靠公交车与之配合。而小汽车运送的人太少，而且体积与作用不匹配，常常空着3~4个位子。显然，应该增加公交车和步行的路权配给，减少小汽车的路权配给，堵塞就可以缓解，流量可以增加，发挥作用变大，尤其是可以尝试公交车提速和分级。

有一些城市就是这样来处理交通困境的，例如巴黎和纽约的地铁网。然而青岛使用的方法是为小汽车高架搭桥（按照快速路的设计要求，公交车不能上快速路，行人也不能），两条快速路的建设完善了青岛的快速路网，提高了车速，提高了小汽车的作用。这种措施的作用如何呢？我常听到司机抱怨快速路也堵车，速度快不起来，有时三车道变两车道，当然会堵[1]。高架的前景如何呢？看看高架桥比青岛修得多的上海

---

[1] 一条道路的通行能力取决于瓶颈的地方，而不是那些宽敞平坦的路段，所以立交桥的桥头、三车道变两车道这样的瓶颈容易堵车。不知道这种朴素的思路会不会被交通工程师笑话，但老百姓用更朴素的思路笑话交通工程师和官员。一个笑话说，劫匪抢银行得手之后开车上了三环，被抓住时还在那里堵着呢。有一个广为流传的以战争讽刺城市建设的笑话，被青岛人修改来讽刺青岛城市建设，敌军装甲师试图走快速路迅速开进市区，不料遇到三车道变两车道造成坦克大堵车，被我军全歼于桥上。

和北京，那里堵得更严重。而更有讽刺意味的是广州和上海已经开始拆一些高架桥了，最近上海为保护外滩的历史街区风貌而计划拆除高架，可青岛却还在拆除历史街区建设高架桥。

小汽车为什么可以使用那么大比例的路面？如果认同人与人是平等的，占人口大多数和出行比例大多数的步行者和坐交车者是不是应该占有更高比例的路面和高峰时段？有人可能会认为路权不能只按人分配，还要看人对城市的贡献，比如按纳税分配。我国2004年个人所得税65%来自工薪阶层（CCTV网），而20%的富人所交的个税不及10%（凤凰网）。可见，无论从运送人数还是交税上，都应该降低小汽车的路权配额。按现在小汽车使用道路的比例，应该收更高的费用，小汽车多是由于他们使用大量免费或打折的公共空间，例如路边停车和建筑前的场地停车。如果不是车太多、交通成了严重的问题，就不会引起这么多讨论，如果家家开车上班是正确的、能够实现的、没有矛盾的城市理想，怎么会堵成现在这个样？不论是汽车的既得利益者（汽车制造商、汽车工业、政府、小汽车拥有者），还是城市管理者、交通工程师，只要正视现实，就能够认识到城市道路再怎么拓宽、搭桥、高架，也只能容纳一部分人开小汽车，大多数人还是要依靠公共交通，"人人拥有小汽车"是商家引导消费的宣传，表面的平等趋势掩盖着争夺空间的不平等事实，这与"居者有其屋"的人文关怀不是一回事。

第4章 街道的社会学用途

本章讨论街道的社会学用途,也许从某个角度讲,这些用途更为重要。简·雅各布斯在《美国大城市的死与生》中提出了人行道的用途:安全、交往、孩子的同化,本章以她的观点为理论指导,针对青岛的实际情况来讨论具体的空间特点与生活案例,空间范围从人行道扩展到整个街道,孩子的同化改为孩子的成长,即讨论的是街道在安全、交往、孩子成长方面的用途和作用,这些用途是对于居住生活或工作在街道周围的市民而言的。随后讨论街头谋生和街头政治。

4.1 安全

《美国大城市的死与生》提出了成功街区在安全方面的三个条件[1],下面通过青岛街道的情况加以讨论。

4.1.1 领域感——公共空间与私人空间必须要界线分明

青岛老城的老住宅公私界线分明:庭院住宅的界线是围墙和院门,例如观海山、鱼山的庭院住宅;里的界线是门洞,例如小港的邱县路10号。新中国成立后的开放小区的界线是什么?似乎是户门,楼梯都是公共的。而封闭小区的界线是围墙和门。界线造就领域感,会使外人止步,外人在里院门洞外不敢进去,因为有很强的领域感。但湛山小区等开放小区,外人可以大胆地进入楼梯,正是由于这种差别,才使很多人倾向于封闭小区。但这并不能说明封闭小区是唯一能够提供领域感和安全感的高密度居住方式,也不能说明封闭小区是一条正确的城市发展道路。封闭小区需要专门的保安人员和摄像头等设备更说明封闭没有造成足够的安全,小区形成的大院规模太大、户数太多,超出了能够有效形成交往的小团体规模,小区的规模正是大得让人认为这是一个几千人公共的空间,很多个体不愿为公共空间的卫生、安全付出太多,因此他们依靠物业和保安来维护小区的卫生和安全,而不是自己亲自努力。这与老城的院落住宅几十户人家共同维护大不相同。青岛居民普遍接受的亲密交往圈的户数一般在30户左右,适宜户数为80~150户,在居民的交往上,300人左右的人群组织规模可以做到彼此都不陌生,便于形成共同的领域感。领域感有助于安全感。一项对老城青岛院落式居住区(中山路一带、小港一带)和现代居住区(台东一带、浮山后小区)的调查表明,院落式居住区居民安全感极强的高达87.6%,而多层小

---

[1] [加拿大]简·雅各布斯.美国大城市的死与生.金衡山,译.南京:译林出版社,2005:35

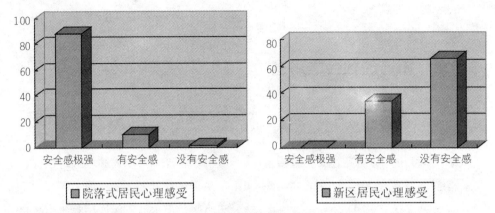

图4-1 青岛老城院落式居住区居民和现代居住区居民安全感的比较
资料来源：丁宁，徐飞. 寻找失落的空间——青岛地区院落空间分析与合理空间组织规模的探究. 青岛理工大学建筑系城市规划2000级调查报告，2002

区居民安全感极强的为0，没有安全感的有65.8%[1]。因此，一系列的小院落比一个小区的大院更有领域感、更安全。

调查表明，青岛老城云南路的老居民认为现有道路在安全方便方面很好的达42.3%，比较好的21.7%，认为有安全隐患和都不太好的为36%[2]。

小港的街道空间与住宅院明确分界，罪犯如果想直接逃走，就只能在街上跑，追赶他时可以比较容易地把握空间；而如果藏进某个院子罪犯就有一定风险，有可能会被堵在院里，或被院里的居民搜查到。但在开放小区，小区路、宅前小路、宅间绿地，所有的户外空间都汇成一个四通八达的大空间，逃跑的机会大一些。

对于多层住宅有助于增强领域感的做法：（1）在楼梯一层门口设防盗门对于楼道是非常有效的领域处理，但其门外仍然是缺乏领域感的无主之地。（2）前后两楼连围墙栏杆，设大门，形成一个院子会有领域感。一个小的领域靠街坊邻居居民的监视，如同里，重要的是要形成一个小院子，户数和院子面积都不能太大。（3）常见的做法是一个小区用围墙和大门封闭起来，这种小区必须设门卫，因为规模大，已经无法靠领域感吓退外人，或靠居民监视了，而是必须靠专人负责监视。相反，开放小区依靠的是公共安全，但公共安全显然不能让人满意，否则也不会形成封闭小区比开放小区价格一般要贵一些的局面。（4）进一步的做法是，以两侧1~2层的商业店铺来划分区域。这样可以形成小街道，事实上有一些建设了三四十年的多层住宅区已经自发地逐渐形成了

---

[1] 丁宁，徐飞. 寻找失落的空间——青岛地区院落空间分析与合理空间组织规模的探究. 青岛理工大学建筑系城市规划2000级调查报告，2002
[2] 汪雪，张伟伟，姜戍杰，等. 云南路旧城改造调研报告——问卷调查分析. 青岛理工大学建筑系城市规划2000级，2003

这样的院和小街道。

4.1.2 街道眼——"必须要有一些眼睛盯着街道，这些眼睛属于我们称为街道的天然居住者"

老中青少各个年龄段的居民都有的地方，街道眼的监视更多、更持续。有老人的地方，白天老人在院子里、院门口、街边活动，整个白天都会是处在街道监视之下，是安全的。他们使小偷没有什么机会爬墙、翻窗、抢包。北京的四合院、大杂院正是由于总有人监视而减少了偷盗的机会。有人说菊儿胡同的新四合院由于人口结构与老住宅不同，老人少，而容易被盗，我在实地考察时与一位老人交谈，她告诉我这里的盗窃并不多。在小港街区，街道上常常有人在打牌、下棋、聊天，他们就是街道的天然居住者，他们监视着街道和院子，维护着这里的安全。老人们一般起得很早，四五点钟就起床出门锻炼。没有老人或者老人太少的居住区，即便白天也是不安全的。老人们晚上睡得早，但中青年使住宅楼在夜里12点以前都不是小偷下手的好时候。这样居住区内不安全的时段是夜里12点至凌晨5点，这也是住宅盗窃案多发的时段。我听朋友说过两起住宅半夜被偷的事，一次是合租的宿舍，一次是家里。青年尤其是学生，晚上活动到十二点左右较普遍，增加了监视户外的可能和周围的安全性，使有人呼救时被听到的可能性提高。有一个案例发生在通榆路，凌晨2点看世界杯的球迷发现有贼爬上对面居民楼，打电话向民警现场直播最终抓获小偷[1]。白领集中的高档小区，老年人和青年人少，很多是两口、三口的家庭结构，白天都上班、上学，这种小区白天也有可能被盗。夜里不安全的时间也很长，三口之家多数在10点左右就入睡，6点多起床，这样就有约八九个小时是小偷容易下手的时间，这种小区必须靠保安和防盗设施。2006年一个专门偷高档小区的团伙在青岛落网，此前5年多已经在11个地市盗窃400多起，这些阔贼乘飞机往返、住星级宾馆，专挑高档小区进行盗窃[2]。

摩托车抢行人背包，一般发生在便于加速逃跑的大路，时间段以夜幕降临为多。白天街上的小偷一般在繁华的商业街、公交站、商场门外作案，人多便于转移赃物，大多不在居住区。住宅区附近的抢劫，常常在楼梯口附近从背后打击头部，然后抢走，发生正面冲突的少一些。这种案例共同之处是从大街到户门之间的一段路，即小街巷、楼门口、楼道比较僻静的地方，常常是开放小区。有时发生在天黑以后，也有一些是白天。有一个案例发生在沂水路人大

---

[1] 黄超，刘鑫.球迷现场直播帮民警擒贼.半岛都市报，2006-06-16：A5
[2] 栾磊，刘鲲鹏.搭飞机盗窃九"阔贼"领刑.半岛都市报，2006-09-27：A8

办公楼（总督府）旁边的小路，晚上10点45分一位下班回家的女职工遇歹徒持刀抢劫呼救，巡逻的机关保卫科值班人员、附近办公楼的保安与110民警配合将歹徒抓获[1]。这是我收集到的少见的发生在老城的当街抢劫案例，虽然案发现场是比较僻静的小路，但一侧是住宅，另一侧是办公楼，这个时间保安和居民很多没有睡觉，抢劫者可能对这一地区不熟悉而且是冲动犯罪并没有经过踩点的预谋，这里不是警方公布的两抢案件多发街道，被抢者在接受采访时说这里的治安一直挺好，所以这个案例十分特殊，它的不正常发生和迅速抓获，更说明了老城里工作场所和住宅混合设置、空间用途多样、不追求严格功能分区在安全方面的好处。相反在新区功能越是明确区分的地方越是有安全隐患，以办公用途为主的街区在下班之后就成为不安全的地方，而完全的居住区尤其是白领小区不仅晚上缺乏监视，白天也容易被盗。那些没有"街道眼"甚至没有"街道耳"的地方，对于行路的人和居民来说都是不安全的。

4.1.3 持续的监视——人行道上必须总有行人，这样既可以增添看着街面的眼睛的数量，也可以吸引更多的人从楼里往街上看

　　白天街道一般都有行人，但晚上就少了，越晚越少。有的商业街一些店面下午下班关门，一些晚上8点到10点关门，然后就变成两侧都是卷帘门的街道。10点以后变得很恐怖。专业化程度高的特色街更是几乎同一时间段关门。小港街区或者一些老一点的住宅小区里的小商店，虽然数量少，但开放的时间一般较长，直到晚上睡觉前都是开着的，一段路有一个小店开着门、亮着灯对夜行者是极大的鼓舞，带来安全感。这些小店对街道形成了比商业街上的店面要持久的监视。还有一点是这里每一扇窗里都有人有住户，而商业街、特色街的店面大多数晚上不住人。这样就有很大的差别了，呼救时更有希望被听

图4-2　发生在总督府附近的抢劫
资料来源：根据报载新闻和现场示意图重绘，李彦宏，刘海龙．我怕，但不能让坏人得逞．青岛早报，2006-04-15：24版

---

[1] 李彦宏，刘海龙．我怕，但不能让坏人得逞．青岛早报，2006-04-15：24版

到，有人会开灯打开窗看，出来帮忙或者打电话报警。这种预期让夜行者感到更安全，而让罪犯也更加担心而不敢轻易下手。

表4-1 案发地点为街道空间的刑事案件案例

	案发地点	时间	犯罪	当地当时情形
老城	冠县路十中门口	2002-5-20晚8时	非法拘禁	挟持
	鱼台路一小卖部	2001-7-11凌晨2时	转化型抢劫	盗窃后在外面被发现，持刀威胁逃脱，被巡逻人员抓获
	台东步行街利群门口	2003-3-11上午8时	当街抢夺	抢包，被路人抓获
新区	南京路江西路路口	1999-12-17早7时	索债绑架	打倒，开车带走
	杭州路83号附近云海娱乐城外	2001-3-14晚11时	故意杀人	枪击致死
城阳（郊区）	城阳区长城路	2002-12-19晚8时	抢夺	跟随行人（女性）抢手机，被群众抓获
	城阳区流亭街道308国道立交桥下	2003-6-2中午	抢劫	持刀抢劫路边休息某男性

本表自制，根据安力.青岛法院案例选编：刑事篇.北京：社会科学文献出版社，2004：109，163，155，95，85，170，172

从以上案例看，发生犯罪的时间大多是在缺乏监视的时间段，晚上至早晨居多，而发生在白天的案例集中在缺乏监视的空间——立交桥下，或是人多的步行街。台东步行街被认为小偷比较多，由于人多便于作案、转移和隐藏，但在步行街当街抢夺不是一个多发的犯罪活动，两抢犯罪大多发生在利于迅速逃窜尤其是使用摩托车等交通工具逃窜的街道。

2004年据民警统计，抢劫、抢夺案件的发案时间相对集中在下午5时至晚10时之间，甘肃路、海泊桥、长春路、江西路、云霄路一带和人民路沿线发案比较集中。入室盗窃案件多发生在居民区，犯罪分子一般选择凌晨零时至5时及下午1时至5时之间作案，此类案件发案比较突出的区域为错埠岭、浮山后周边，威海路、登州路、台东三路、鞍山路、逍遥小区、漳州路一带[1]。抢劫抢夺案件多发街道在老城的少于新城，甘肃路是老建筑，其余都是多层新建筑。可见入室盗窃多发地段都是新区或老城已经改造为多层住宅的地方。

---

[1] 段海鹰.10余条道路案件频发 青岛警方提醒市民加强防范.华夏时报，2004-10-14.http://www.chinatimes.cc

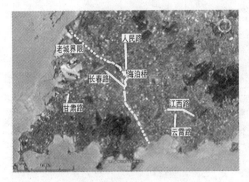

图4-3 抢劫抢夺多发街道
资料来源：自绘，根据Google Earth网站地图；段海鹰.10余条道路案件频发 青岛警方提醒市民加强防范.华夏时报，2004-10-14. http://www.chinatimes.cc

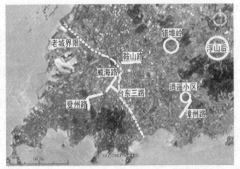

图4-4 入室盗窃多发地段
资料来源：自绘，根据Google Earth网站地图；段海鹰.10余条道路案件频发 青岛警方提醒市民加强防范.华夏时报·华夏网，2004-10-14. http://www.chinatimes.cc

青岛市公安局发布的冬季严打整治集中行动信息，自2005年12月1日至2006年1月22日50多天里，"全市共侦破现行刑事案件5000余起，打掉犯罪团伙185个，成员796人。破获涉恶痞霸、'两抢三盗'等现行案件3500余起。"[1]平均每天侦破的刑事案件就有100起，这比上年同期还下降了70.7%，安全状态可以得到一个数字描述，《安全城市》这本书称当前是新中国成立以来的又一次犯罪高峰期。

4.2 交往

现代人的生活与过去不同了，现代人是在自己的圈子里交往。交通和通讯比过去更方便，汽车加电话让人受地点限制变小了，可以方便地去找住在别处的朋友、方便地购物和寻求帮助，而且现代人对于隐私和私人空间的重视造成并不想与认识的人住在一个小区，也并不想认识自己的邻居，从而使基于地缘关系的邻里交往变得更加不具有必要性。城市人越来越多的是与不明身份的人住在一起，有保护隐私的愿望，交往的圈子是亲戚、朋友、同学、同事、共同爱好者等。一项南京和上海的调查表明，市民认为最重要的关系依次是夫妻关系、父辈关系、同事关系、朋友关系、上下级关系、亲友关系、婆媳关系、之后才轮到邻里关系[2]，排在前面的分别属于亲缘和业缘关系，邻里是与空间位置有关的地缘关系。另一个问题是除了和家人之外沟通最密切的是谁，排序为朋友49.7%、同事21.6%、亲友16.3%，之后是邻里，但选择频数大幅

---

[1] 任金梅，王建华.岛城冬季严打"除恶"796人[EB/oL].（2006-01-23）. http://www.cpnews.org
[2] 闵学勤.城市人的理性化与现代化——项关于城市人行为与观念变迁的实证比较研究.南京：南京大学出版社，2004：265

度降低至4.2%。与邻里只有点头之交和没有交往的相加为48.7%[1]。邻里依赖性弱，通讯发达使得邻里彼此认识和守望相助的必要性减弱，也缺少合适的交往机会和场所。认为自己社会交往不频繁的占65.6%；认为交往不频繁主要原因是没时间的占39%，没兴趣的占20.5%，生活圈子狭小、朋友不多和可信可交的人不多的三项合计30.1%，另外还有6.3%的人选择个性内向，3.4%害怕交往[2]。

在我收集的青岛的报纸和网络资料中，与交往有关包括邻里关系、休闲娱乐、打牌、健身等是最少的几项之一，可见与交往有关的事远远不是社会热点。以前有一个笑话"狗咬人不算新闻，人咬狗才算新闻"，然而今年为什么媒体有那么多狗咬人的新闻呢？一方面养狗的人比过去多了，一些人的行为造成了养狗人群与不养狗人群的矛盾；另一方面禁狗的舆论和宣传导向正在形成；二者互相促进，狗患成为社会热点问题[3]。表面上这是人与狗的关系，实质上是人与人的关系。有专家认为是养狗人群与不养狗人群的关系，我认为养狗增多和人与人交往的减少有关。近一二十年很多人开始养宠物，与宠物在一起是一种情感需要、交往需要，可以使人不那么孤独，得到心灵的安慰，养宠物的人常常像对孩子一样照顾它、逗它玩、跟它说话、带它出去活动。那么这部分时间是从什么活动转移过来的呢？与宠物的相处代替了一部分与人的交往。如前所述当代的城市人与邻里街坊的交往减弱了，这部分时间和情感需要转移到其他交往活动上去，几种比较大的转移去向是电视、网络、宠物，我们只要观察自己身边的人或者留意一下媒体的信息，就可以发现这几种活动在人们生活时间中的比重比十年前大大增加了。

一项对于上海和南京市民的调查表明，业余时间主要做的事排在前三位的是看电视、看报纸、学习，这三项数值远远领先，这是城市人最主要的闲暇方式，然后是娱乐、上网、运动，再然后

---

[1] 闵学勤. 城市人的理性化与现代化——一项关于城市人行为与观念变迁的实证比较研究.南京：南京大学出版社，2004：265，272

[2] 闵学勤. 城市人的理性化与现代化——一项关于城市人行为与观念变迁的实证比较研究.南京：南京大学出版社，2004：273

[3] 据统计，到2005年6月底，北京市登记宠物犬45.8万只，上海市拥有70万条宠物狗.据北京市卫生局统计，1996年被狗咬的人数为23623人，2004年是84509人；在卫生部2005年第一季度全国传染病疫情报告中，狂犬病成为致人死亡的"二号杀手"。"北京市儿童意外伤害调查"的报告指出，动物咬伤在儿童意外伤害中列第二位。据推算，全市每天平均有30个孩子被咬伤，而动物咬伤的81%来自宠物狗。今年8月发生在北京几处住宅区的带毒食物毒死宠物狗事件,就体现了近年来因为养狗而引发的居民之间激烈的矛盾。宠物狗所反映出来的人与狗之间、人与环境之间的矛盾，归根到底还是人与人之间的关系如何协调。陈玉洁. 宠物狗：养还是不养？人民画报中文版，2005-12.http://www.rmhb.com.cn/chpic/htdocs/china/200512/chongwugou.html

是聚会、逛街、聊天、郊游、喝茶[1]。可以看出业余时间前三名的活动与交往关系很小。对于最喜欢的休闲方式的选择排名顺序为电视、旅游、体育运动、文化娱乐、上网、朋友聚会、闲聊、睡觉。一个对南京东大影壁和小纱帽住区的调查表明，即使是原居民也有近一半的人认为与邻居的交往比以前减少了，还有14%的原居民认为邻里间没有交往，另外从不参加和不知道居委会各类活动的居民达81%[2]。

青岛新老居住区的调查表明，在邻里交往满意程度方面，老城居民感觉非常好有近一半，和较好的两项相加有91.8%；而现代居住区居民感觉非常好的没有，和较好的只有18.4%[3]，显然在老居住区的邻里交往比新居住区好得多。

内院"以其自然的形式成为邻里交往，满足人的社会属性的极小但却独立的社会空间"。青岛居民普遍接受的亲密交往圈的户数一般在30户左右（比例为51.22%），居民认为的适宜户数为80~150户，在居民的交往上，78.51%的居民认为300人左右的人群组织规模可以做到彼此都不陌生，便于形成共同的领域感。调查发现底层住户有私家庭院的交往频率与内容上都要优于底层为公共空间绿地的住户。另外有74%的居民表示在自家庭院会主动与邻居进行交流[4]。在表4-2中看到老城院落与现代小区的比较，规模差距很大，交往的方式和频率也相应有差异。

表4-2 青岛传统住区与现代住区的比较[5]

	冠县路11号院落	浮山后六小区某组团
总人口	278人	1213人
人口密度	513人/公顷	276人/公顷
院落面积	850平方米	2400平方米
围合度	强	一般
交往地点	院落与外廊	楼梯间、单元入口处
交往性质	逗留式交往	交通式交往
交往频率	每天	不定（周末较多）

---

[1] 闵学勤. 城市人的理性化与现代化——一项关于城市人行为与观念变迁的实证比较研究. 南京：南京大学出版社，2004：90，258

[2] 吴靖梅，张佳，张强，宋若蔚. 商业化背景下的住区变迁——以珠江路科技街兴起为例//高等学校城市规划专业指导委员会，天津大学建筑学院城市规划系. 全国大学生城市规划社会调查获奖作品. 北京：中国建筑工业出版社，2006：24

[3] [4] [5] 丁宁，徐飞. 寻找失落的空间——青岛地区院落空间分析与合理空间组织规模的探究. 青岛理工大学建筑系城市规划2000级调查报告，2002

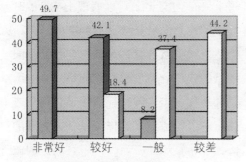

图4-5 邻里交往满意度调查
资料来源：丁宁，徐飞. 寻找失落的空间——青岛地区院落空间分析与合理空间组织规模的探究. 青岛理工大学建筑系城市规划2000级调查报告，2002

老城云南路居民主要的文化娱乐活动方式是看电视73%，逛街20.6%，其他比较分散。对于"邻里之间的交往是否频繁"这个问题，老城云南路居民选择很频繁与较频繁之和为74.8%。邻里主要的交流方式聊天占66.3%，打牌占15.2%[1]。

旧城区道路网密度大，一些道路仅100米长，现有道路相对比较安宁、安全。居民们选择在路边搭场喝茶、聊天，对于这样的道路64%的居民表示满意，50%的居民认为人行道需再宽点，给他们提供更大的聚会空间。

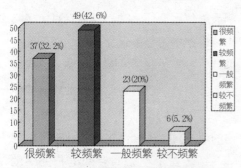

(a) 邻里之间交往是否频繁

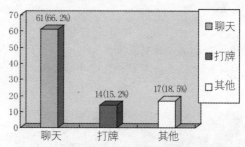

(b) 邻里间主要交流方式

图4-6 青岛老城云南路居民休闲活动方式和邻里交往状况
资料来源：汪雪，张伟伟，姜戊杰，等. 云南路旧城改造调研报告——问卷调查分析. 青岛理工大学建筑系城市规划2000级，2003

对小港街区的交往活动分析发现，人们对地点的选择具有规律：（1）小港街区具有独特的三级路网，外围的一级街道和内部的三级小路上极少有交往活动，大部分都发生在街区内的二级街道上；（2）路口的活动明显较多，如两组打牌和一桌麻将都靠近路口；（3）靠近商业服务设施的地方活动多，如幼儿园对面5个大人带着5个孩子玩，药店门口坐着6个老人聊天，当设施靠近路口时，活动更加集中，如派出所、菜店和小卖店集中的路口有很多组聊天活动；（4）聊天闲坐倾向于在里院的门洞外，这一点通过现场观察可以看出。

图4-7根据2006年8月24日调查绘制，由于夏天面临拆迁，很多本来在别处住的房主也回来等消息，出现了异常的繁荣，很多人在街上聊天闲坐，但这

---

[1] 汪雪，张伟伟，姜戊杰，等. 云南路旧城改造调研报告——问卷调查分析. 青岛理工大学建筑系城市规划2000级，2003

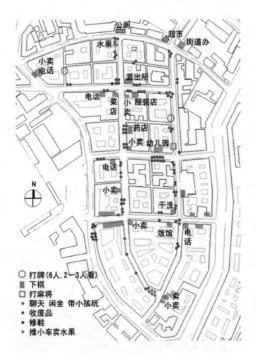

图4-7 小港街区交往活动
资料来源：自绘，调研时间2006年8月24日周四15:30-16:30

图4-8 修鞋摊儿旁边经常产生交往活动
资料来源：任锡海.任锡海摄影集：波螺蚰子·五角大楼.青岛：青岛出版社，1999：28

仍然是有效的调查，可以看出人多的时候对于交往活动的地点选择规律。2006年4月4日下午的调查由于天气还冷，街道上只有5组活动，可以表现出在冷的时候仍然能够支持交往活动的空间地点，上述规律仍然存在，尤其药店和幼儿园附近的穴位。与夏季不同的是所有的活动和单独一个人闲坐都选择了在路北或路东的人行道上，这样可以获得更多的阳光。修鞋摊儿在老街区中有固定的位置，修鞋师傅像长期在老街区内开小商店的店主一样是公众人物，与很多居民接触、认识，修鞋摊儿旁边也常常成为一个小聚会的地点，产生打牌、下棋、聊天等休闲交往活动。具体地点上多在街区内部中间级街道交叉口，对阳光有偏好，表现为长期在路东或路北，以接受更多阳光，避开街区中商业设施集中的地方，所处位置要不占用别人店铺门前的地方，对凹入的小空间有偏好。

扬·盖尔把公共空间的户外活动划分为三种类型：必要性活动、自发性活动、社会性活动。他认为社会性活动是"连锁性"活动，大多是前两类活动发展而来的，改善公共空间中必要性活动和自发性的条件，就会间接地促进社会性活动，尽管物质环境的构成对于社会交往的质量、内容和强度没有直接的影响，但建筑师和规划人员能影响人们相遇以及观察和倾听他人的机遇[1]。这

---

[1] 必要性活动包括上学、上班、购物、等人、候车等多少有点不由自主的活动，日常工作和生活事务一般属于这类，参与者没有选择余地，受环境影响小。自发性活动包括散步、驻足观望有趣的事、坐下来晒太阳等，只有在人们有参加的意愿，时间和地点可能的情况下，如外部条件适宜、天气和场所具有吸引力时才会发生，大部分户外娱乐活动都属于这类，特别依赖外部的物质条件。社会性活动包括儿童游戏、互相打招呼、交谈、各类公共活动以及广泛的社会活动——仅仅视听感受他人，是在公共空间中有赖于他人参与的各种活动。[丹麦]扬·盖尔.交往与空间.第4版.何人可，译.北京：中国建筑工业出版社，2002：13-17

就是空间设计者为什么要研究交往与空间的原因，同时户外活动有相当大比例发生在街道空间，本书因此要讨论街道空间与交往的关系。简·雅各布斯认为人行道上的活动把互不相识的人聚集在一起，这些人并不能够在私下的方式中互相认识，而且在大多数情况下他们也不会去想到用那种方式来互相认识，人行道上发生的众多微不足道的公共接触构成了城市街道上的信任，小事情集在一起形成了人们自己的公共身份，并依此进行公共行为[1]。缺少这种小事的街道上的人们就缺少信任和公共身份的认同，在青少年打架、做不得体的事、挨欺负时也没有人出来制止。鞍山二路有个街段一边是单位大院，另一边连续20家全是汽车配件店，转过路口的重庆路

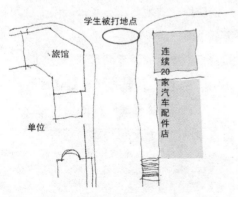

图4-9 学生被打的地点

图4-10 打牌的地点，里院街区的路口

是汽车配件特色街，有一天报纸上登了在那个路口一个学生骑自行车碰了人，结果被几个人打到跪下为止。这正是雅各布斯所关注的"人行道旁应该有什么样的企业和店铺的问题，以及由此引出的在现实中、在每天的生活中人们应该如何使用人行道的问题"，上面说的打学生的事在小港街区里是不可想象的，即使动了手，很可能就会有打牌聊天的街坊、小卖店的店主出来制止了。

户外的社会性活动有很大地域差异，比如在重庆的街头可以经常看到打麻将的活动，而在青岛就非常少，然而青岛街头打扑克的很常见，其他城市似乎没有这么多。户外活动从扑克到麻将并不像换一种玩法那么简单，麻将需要有桌子和椅子，物质条件要苛刻一些，还要有人拿来有点沉的麻将牌，而扑克就不那么麻烦，比较轻，只需揣在兜里，而且可以席地而坐或者坐马扎。重庆那么多人参与户外麻将这种对物质条件要求高一些的活动，表现出重庆人

---

[1] [加拿大]简·雅各布斯.美国大城市的死与生.金衡山，译.南京：译林出版社，2005：58-60

户外活动的热情较高，不怕麻烦，搬桌子也要打，这可能与气候有关，重庆夏天炎热，户外的荫凉处要比室内通风好一些、凉快一些，同时也是地域人群性格的体现。这种差异我们还可以从街头的拥挤程度、路边小吃的火爆程度、夜晚人群散去的时间等方面看出来，青岛的街头在旅游淡季还是显得有些冷清。而青岛人打勾级活动的空间范围更大一些，麻将由于对物质条件的要求高造成大部分是在固定的地点如家门口、茶馆公园等提供服务的场所，勾级则比较自由，在门口、人行道边、路口、空地等地方都可以开展，所以打牌活动的地点规律除了在设施集中的地方和门洞附近，还会在路口。

美国学者威廉·怀特认为："街道存在的根本理由就是它向人们提供了一个可以面对面接触的中心场所。"[1]网络对社会生活的影响很大，对人的影响很大，很多人把越来越多的时间用于上网，减少了其他活动的时间尤其是与人的面对面的交往。但面对面的交往仍然非常重要，即便是最依赖网络交流信息的硅谷，企业家与工程师更加需要面对面的交流，形成了一种企业家咖啡厅的创新文化。"在硅谷，最新的生物科技领域有600家公司集中在直径50英里的范围内，每天他们互相打电话或一起吃一顿饭，就可获得许多世界同行业的最新消息，如新的趋势、好的想法等。"[2]

4.3 孩子的成长

安全—交往—孩子的成长是相互影响的，当代城市人由于不安全而减少了户外空间的交往活动，反过来由于交往活动减少，户外空间变得更不安全，正是由于户外空间安全和交往的降低，孩子的生活空间范围大大缩小。"生活空间的极度贫乏是孩子们成长的一大阻碍。"[3]

当代的城市规划、设计、建设对于孩子成长空间的考虑太少，几乎没有认真思考过，以为只要有绿地就有活动，就是安全的、利于交往的，"不管什么样的居住地，我都对在规划时很少考虑孩子们的生活这一点上感到痛惜。越是看似完美的规划，越是在'重视孩子们的生活'这一点上退步。"[4]简·雅各布斯认为人们并没有像设计者想象的那么去使用空敞地，而一些公园由于使用率不高而成为不安全的地方。中村攻对8000个小学生的调查40％遇到过伤害，证明了空间不安全的问题是客观存在的，在对300处有代表性的地点做了调查之后得出了这样的结论，"这种危险

---

[1] 王彦辉.走向新社区.南京：东南大学出版社，2003：145
[2] 王缉慈，等.创新的空间——企业集群与区域发展.北京：北京大学出版社，2001：197
[3] [日]中村攻.儿童易遭侵犯空间的分析及其对策.卡米力·肖开提，章俊华，译.北京：中国建筑工业出版社，2006：6
[4] [日]中村攻.儿童易遭侵犯空间的分析及其对策.卡米力·肖开提，章俊华，译.北京：中国建筑工业出版社，2006：7

地方必定存在着足够的空间这一主要原因，而这个主要原因是城市规划的结果。""这些优秀的设计师为儿童设计的户外活动场所原本是儿童最喜欢的场所之一，现在却成为儿童被拐骗、被伤害的危险场所。"章俊华在译者的话中写道："难道我们一直以最大的努力去做的设计，非但没有成为儿童最理想、最喜欢的场所，反而成为犯罪事件最多发的场所。看着我一幅无法理解的表情，中村老师又补充说：'我从10年前就开始研究这个问题，当时谁也不认为这是一个问题。但10年后的今天，日本儿童受害率不断提高，而发生案件最多的场所就是我们设计师为儿童所设计的最美、最好的公园'。……日本、欧美在这方面的问题早已得到社会的广泛关注。……中国实行独生子女政策以来，对孩子的教育培养是全社会的热门话题，然而对儿童的安全问题也必将得到社会更广泛的关注……这本书可以让我们从一个角度去关注我们的下一代，反思我们所做的相关规划设计项目，也许这正是重新认识我们所从事的专业的真正含义。"[1]

通过中国知网检索发现涉及儿童活动空间有一些硕士论文，期刊文章不够多，这表明国内这方面的研究还没有引起设计者广泛的重视，而是处于大学的学术研究阶段。其中讨论户外的儿童安全空间的就只有5篇，可见当前国内的研究者和设计者刚刚开始注意户外空间对于儿童是否安全的问题。值得思考的是讨论儿童活动空间的文章大多谈及儿童游戏场所，似乎规划设计研究者认定儿童的户外空间活动主要的部分局限于儿童游戏场所，这是在功能分区的宗教式的思想教育下，形成的对理想城市的意象，每个年龄段的人群各有其活动场所，他们忘记了自己的童年是在多大的空间范围内活动，或者他们认为那么大范围的活动空间是不健康、不安全、不适合现在的。实际上即使是现在的儿童活动的空间也比儿童游戏场大得多。作家郑建华回忆自己小时候在太平路赛跑、义务劳动[2]，小学时去父亲单位吃午饭的路线[3]，还有中学时参加人口普查，晚上跑出去三四个人一组挨家挨户查户口[4]。这样的生活空间范围是现在的孩子没有的，也是现在的大人不能允许的，是设计者不予考虑的。孩子可以去的空间大大缩小，而且在这个范围里还必须有家长或者老师的看护，从学校门前等候的人群就可以看出，现在的

---

[1] [日]中村攻.儿童易遭侵犯空间的分析及其对策.卡米力·肖开提，章俊华，译.北京：中国建筑工业出版社，2006：10-11，231-232

[2] 郑建华.我的太平路//薛原.青岛记忆.青岛：青岛出版社，2004：22-23

[3] 出校门—单县路—广州路—费县路—广西路—蒙阴路—湖南路—湖北路—新泰路—曲阜路—河南路—肥城路—大沽路—天津路父亲单位.郑建华.父亲的天津路//薛原.青岛记忆.青岛：青岛出版社，2004：41-42

[4] 郑建华.魂牵梦绕的郯城路//薛原.青岛记忆.青岛：青岛出版社，2004：27

孩子几乎处于全程看护的状态，他们没有自己的独立活动经历、同龄孩子户外交往的经历、自己对社会生活的体验，他们是在极度保护中成长起来的一代。这种不同于父辈的生活经历一定会产生与以往不同的影响，目前能够看的只有儿童体质下降、肥胖和近视等疾病增加，独立能力、交往能力和合作能力下降，心理素质下降，这些方面的报道屡见不鲜，但还有一些影响需要很多年之后才会发现[1]。狄更斯说"这是最好的时代，这是最坏的时代"，工业社会、后工业社会、信息社会以来，世界正是这样的状况，有些方面越来越好，有些方面越来越坏。小孩认识世界和成长的地方就是人认识世界和成长的地方，街道在孩子成长的过程中是非常重要的空间场所。雅各布斯论述了人行道对孩子的同化的作用："如果把孩子们从活跃的城市街道转移到一般的公园和公共住宅区或玩乐休憩场所，会发生什么重大变化呢？……孩子们从一个成人眼睛能够看见的比率高的地方转到了成人出现率很低或根本没有的地方。"[2]在汽车不多的街道或者在汽车不多时代，小孩在街道上玩是安全的，这里的安全不仅指没有汽车碰撞的危险，还有处在大人的监护之下，这里的大人不是孩子的家人，而是街坊邻居、街边小店的老板、甚至是过路的陌生人。"人是靠人来保护的，对孩子实施伤害的是人，保护孩子们的也是人。"[3]如果小孩打架、做危险游戏或者受到大孩子的欺负，大人常常会进行干涉，很多成年人都会有一种天然的对于小孩的保护心理，不管是这种心理的来源是人性本善还是"幼吾幼以及人之幼"，总之街道上的大人会监护孩子。在大建设时代来临之前的青岛小孩大多有过街头玩耍的经历，郑建华在《我的太平路》中写道："小时候吃过晚饭，常常在大孩子的张罗下，几个院子的孩子或赤脚或穿鞋，牵三挂五地涌到太平路上，'包袱、剪子、锤'地分成两帮，有人学着赛场上发令员的样子一声大喊'高起高拜——鱼拜——跑！'小孩子们就俩儿俩儿地在马路上赛跑开了，一般是跑到栈桥，再折返跑回来，最后看看哪帮取胜。""那时候，太平路上的汽车极少，跑了一晚上，也碰不到一辆半辆的。跑累了，就地四肢一伸，直接躺在马路上了。"[4]高伟在《回到大沽路》中回忆："那个

---

[1] 有邻国对我国儿童在被溺爱、以自我为中心的生活环境中成长提出质疑，认为这一代长大以后成为社会中坚时可能不会像父辈一样能够与邻国友好相处，可能会危害周边国家的安全。在对这种质疑予以政治和外交高度的反驳之外，我们是不是也要思考一下，这一代孩子的生活环境是不是有问题，由于安全空间的缩小、交往活动的减少，他们的生命体验是不是缺少了什么。

[2] [加拿大]简·雅各布斯.美国大城市的死与生.金衡山，译.南京：译林出版社，2005：83

[3] [日]中村攻.儿童易遭侵犯空间的分析及其对策.卡米力·肖开提，章俊华，译.北京：中国建筑工业出版社，2006：226

[4] 薛原.青岛记忆.青岛：青岛出版社，2004：21-22

时候，邻家的孩子们都是到户外去玩的，不像现在的孩子，他们有电脑玩，而且独户，不容易找到和邻家孩子相处的机会。每一个白天，我们就像鸟儿一样跑到大沽路去玩了，是在马路中间玩。那个时候汽车很少，我们在马路中间踢毽子，打三圈，打旁练，玩了很长时间，也没有车辆来打搅。我们还在路旁拾石子、拾杏核、藏头绳、跳房子、打木头、抗拐。"[1]志远在《六户人家的生存发展史》中提到了1960年代在西镇生活时跟小院的伙伴们玩土游戏，"女孩子最喜欢玩的是跳橡皮筋、跳房、翻面单、拾饽古（就是拾布袋）。我们男孩子玩的游戏就剽悍多了，抗拐（单腿站立，用膝盖对抗）、打毽（把十几厘米的木头削尖两头，用木板敲起打远）、扇烟牌、弹杏核、打木头等。打木头很刺激，可能有赢利性质吧，谁把对方的木头从马路上打到人行道上，对方的木头就归自己了。"[2]

现在的小港街区，依然可以放心地让孩子在院子里，甚至可以放心他们跑到街上玩，小港独特的三级路网体系，使邱县路、金乡路、朝阳路等二级街道行车很少，三级小路没有车，那些街道上有街坊邻居老头老太太看着，不会有什么危险。就如同雅各布斯所说的："在公共公寓楼、裁缝店、我家的房子、洗衣店、比萨屋和水果摊的前面，有12个孩子正在人行道上玩，他们同时也在14个大人的视野之内。"[3]相比之下，在开放小区甚至封闭小区，家长能够放心小孩到小区的广场和绿地去玩么？有点担心。公园呢？担心。能放心他们到街道上去玩么？那是最担心的。很多街道已经一边倒地成为车行空间了，而小区加大路网的模式造就了小区周围的街道是车的世界。孩子在街上太不安全，而且在新建的城区里，邻里社区的领域观念不明显，街边的店主大多并不住在这个地方，不仅仅是街道空间上与小港等老街区不同，而且街道上的人群结构和关系与老街区也大为不同，遇到危险的情况时，孩子得到大人帮助的几率比老街区要低。由于不安全，家长总是要接送看护，造成了孩子不能自己活动，缺少机会建立独立的人格和对社会的信任。

我曾经看到两个放学的小学生在车比较多的街道上玩，他们在路两侧向对面的伙伴扔一个小沙包，扔来扔去，这种游戏应该在没有车的地方比如空地或者小街道上玩，在汽车多的路上玩实在很危险，我发现他们在沙包掉在车行道上去捡时比较谨慎，虽然没有制止，但我的目光一直注视着这两个小孩，怕出现什么险情。这件事让我体验到街道上的大人确实发挥了监护孩子的作用，在某些方面比如在街道空间的使用方面，

---

[1] 薛原.青岛记忆.青岛：青岛出版社，2004：119
[2] 志远.六户人家的生存发展史.青岛晚报，2006-10-26：20版
[3] [加拿大]简·雅各布斯.美国大城市的死与生.金衡山，译.南京：译林出版社，2005：85

现在的小孩不如过去的小孩玩得那么开心，比过去的孩子的生活空间小得多。现在比较少看见小孩在街道或小区里玩，一方面压力大作业多，没时间玩，一个初二的学生抱怨"作业写到10点都写不完，哪有时间玩"[1]；另一方面，家长不放心孩子在外面玩，也没有合适的地方，不安全。

上学放学时间段里，很多学校门口的街上都会堵车，周围居民抱怨这些车给他们生活带来不便。一位小学老师说很多都是家长开车接送，她们学校由老师在路口监督，不允许家长开车进入校门前的街道，所以学生是在外围路口下车再走一段路，然而这种管理只是把校门前的堵车转移到了外围道路，有的家长停车看着孩子走进校门才开车走，可见家长担心到什么程度，而这样更增加了堵车机会。

小孩没地方玩，哪儿都不安全，传闻中有小孩被拐卖或者更严重的危险。家长在类似的或大或小的事件产生的恐慌中，不放心孩子自己上下学，都是有人接送，没有私家车的一般会由老人送上校车或送到学校。郑州的一个朋友去接幼儿园的小外甥，发现小孩们在放学之后关大门之前的十五分钟里，在幼儿园的院子里抓紧时间像疯了一样玩。可见小孩可能正是没有时间也没有空间玩，以至对这十五分钟特别珍惜，充分利用。另外在肯德基有儿童游戏的器械，总是有很多小孩在玩，这里变成了一个陌生的小孩在一起玩，进行短暂交往的地方，不光是这里的器械好，更主要的原因是有这样一个比较安全的玩的地方，而且家长大多在旁边看着，在户外的街道和绿地已经不适合让孩子这样玩了。一位小学老师告诉我，放寒假小孩不知道该去哪，没有地方玩，家长只好报各种学习班。实际上对于小孩安全的空间已经变少了，他们的父辈小时候可以满街跑，可以盼着放假，而这一代小孩却没有那么多自由而安全的空间。最近发生了一个车祸正是空间不安全的反映，寒假第一天一个晨练的13岁学生在从栈桥跑出来，沿斑马线穿过太平路时被撞伤[2]。太平路，正是郑建华小时候玩赛跑，跑累了还可以躺在上面的那条街道。学校不敢安排小学生参与社会活动，因为怕去学校外面出事，老师不敢担这个责任，为了应付上级只好造假。比如一个以环保为主题的活动，老师不敢带所有学生出去，只带几个学生去城市里的公共空间，把自己带来的塑料袋丢在地上再捡起来，拍了照片就回来。

老城区的学校原来布点很密，在一段时期以前是学生分布也是人口分布的反映，最近几年由于中青年搬出老城去新区居住的影响，除一部分名校爆满外，很多学校招生困难，于是进行了合点并校。其好处是可以通过并校达到应

[1] 王哲.玩的时间没有，做不完的卷子.青岛晚报，2006-10-20：7版
[2] 臧旭平.13岁女孩晨练被撞飞.青岛早报，2007-01-27：8版

有的在校生规模，提高教师和设备等资源配置有效性和质量，缺点是学生上学比过去远了，比过去不安全了，因此造成接送的家长更多，带来交通压力。2007年1月的青岛市人大会议上就有一位代表提出"合点并校后，大部分学生离家远了，路途中的安全问题难以解决"，并提出了增加路过学校的公交路线等建议[1]。过去的学校密布点可以使学生步行上学，有一些不需要家长接送，是一种比较好的上学与居住的关系，但现在由于老城人口转移、学龄儿童减少、应试教育导致的择校等原因，可以说是大势所趋，改变了原有的分布状态和密度，改变了原来的生活状态，改变了生活与空间的关系。不论是搬走的还是留下的，不论是孩子还是大人，在这种空间和生活的变化中即有所收获也有一些损失。

4.4 谋生

街头谋生是对于在街道空间里讨生活的人群而言的，而他们的活动常常为维护街道安全和丰富街道生活作出了贡献，户外作业的工人的活动总是能引起周围居民尤其是有闲人群如老人的兴趣，观看工人工作是街头休闲的一种。在街头工作讨生活的有很多种，人力车夫、出租车司机、收废品者、小商贩、工匠、环卫工人、手艺人、看相、算命、乞丐、妓女等，也有小偷、骗子、抢劫等。本节只选择几种讨论。

4.4.1 人力车夫—出租车司机

老舍先生从构思、收集资料到写作《骆驼祥子》都是在青岛，当时他已经离开北京十年，他常去东方市场门前雇车，并与几个人力车夫交了朋友，有研究者认为骆驼祥子的一部分素材来自于老舍对青岛人力车夫的观察和交流，"当时青岛人力车夫分三种：一种在宅中当家庭车夫，一种自己有车上街拉客，一种自己没车在车厂租车。这些集中在祥子身上作为三个时期。"[2]王统照《石堆前的幻梦》中对于人力车夫的描写："他套上藤，曾拖过文明骄子的种族，曾拖过他的东邻，污衣讨饭的白党，狂饮滥嫖的美军。白罗衫口，臀部肥润；红花领带，飘掩双襟。铁的细管在巨手中的威武，轻小羽扇眉掩重点的红唇。都在他背上跳动，在他眼中眩晕！出门呵，一件破衣，一双布履。归去呵，一身疲惫，一片草茵。"由于经济收入、交"份儿钱"和换设备之类的压力，旧时青岛人力车夫发上过两三次罢工请愿，他们本来是在街道公共空间里工作，罢工使他们退出了公共空间，以缺席的方式引起社会注意。他们除了聚集在总督府门前请愿并没有更多地利用街头作为政治舞台，而是退出

---

[1] 李晓丽.两会声音.青岛早报，2007-01-28：3版
[2] 鲁海.作家与青岛.青岛：青岛出版社，2006：173

街道，这种方式对于宣传罢工原因和目的、争取同情和支持非常不利。他们的斗争能得到的支持是出行受到影响的人群，尤其是权力或经济团体对车行和政府表示不满施加压力。《青岛工人运动史》评价了人力车夫罢工的特点，他们缺乏强有力的组织，作为个体劳动者，不像纺织工人、码头工人那么团结和具有纪律性。

出租车司机也是街头谋生者，与旧时青岛的人力车夫在某些角度上有一些相似之处（当然不同之处是显而易见的），我遇到过一个出租车司机自己说像过去拉黄包车的。他们都在街道上利用公共交通工具赚钱谋生，区别是人力与机动；他们都分散在城市里进行个体劳动；出租司机有的拥有自己的车、有的开别人的车（青岛的出租车都是属于个人的，公司只是负责管理和服务，这是青岛出租车司机认为不应该像其他城市一样被政府收运营费的原因），而人力车夫几乎都是拉车行的车；他们都在身体上很疲劳很辛苦。一个司机告诉我坐着开一天车非常累，他的腰比几年前差多了，一些司机会有腰肌腰椎方面的疾病，由于怕上厕所耽误事，也由于上厕所不方便，很多司机控制饮水，针对济南出租车司机的调查显示，77%的司机为了减少上厕所的次数减少了饮水量[1]，而这样很容易引发疾病。

出租车司机口述：1996年因为运营费产生矛盾，出租车司机请愿反对运营权高收费。最终出租运营费从十年10万元降为1万元。他说这是近几十年这类事件少见的取得了权益的。这次活动事先准备了4个月，到处跟司机讲为什么要罢工，其中有一个能力强的司机是名牌大学毕业，因某些原因失去工作而开出租，思路和眼光要高。1905年和1906年两次出租车怠工是由于油价和运营权到期收费等原因，也是以退出公共空间的方式进行的。政府表示不与民争利，免运营费8年。

出租车司机们每天在街道上谋生，一般分为两班，白班6点到18点，晚班18点到凌晨一两点，他们是街道的监视者和维护者，他们注视着街道，遇到事情常常会施以援手，比如遇到受伤或者抢劫的时候，出租车司机帮忙的事很多。辽宁葫芦岛就发生过有人抢劫出租车后，几百辆出租车在电台直播的联系和导向下，展开几个小时的寻找和堵截将劫匪抓获。青岛出过很多出租车司机帮忙抓贼和拾金不昧的事（当然也有宰客和黑车等情况，尤其火车站外管理疏松相当混乱）。1906年的一位司机归还珠宝的事引起社会反响，第二天有人倡议在倒车镜上拴红飘带表达敬意和学习，也有人提出红飘带应该成为一种自律的标志，这种讨论在电台进

---

[1] 张蕊，马学政，赵秋璐，黄放，孙霞.如此规范，"急"坏"的哥"、"的姐"——关于济南城区公厕的调查报告//高等学校城市规划专业指导委员会，北京大学城市与区域规划系.全国大学生城市规划社会调查（2004）.北京：中国建筑工业出版社，2006：4

行了几个小时之后，青岛大街小巷出现了很多有红飘带的出租车，后来很多其他的车辆也拴红飘带，引起了广泛的社会讨论。

4.4.2 收废品者与手推车

生活水平提高，废品和垃圾的产量变大，可回收的东西很多，于是越来越多人从事这个行业，不少城市都有破烂王出身的富翁的传奇故事，余华的小说《兄弟》也写到了主人公收废品致富的情节，可以说这是对这个时代一个侧面的反映。2006年某财富排行榜评出的中国女首富就是从回收废纸起家，后来从事造纸工业而成为富豪的。

最近几年青岛收废品的人越来越多，多得如同重庆街头的"棒棒"一样随处可见。出去在街上走一圈可以看到好几个。青岛的收废品者有地域特点，他们大多用手推车，其他城市一般不是这样。

手推车是青岛传统的运输工具，是德占时期主要的运输工具，当时修建的街道在车行道与人行道之间铺设一定宽度的石条（现在见到遗存的是0.6~1.2米宽），这是"供中国运输工人独轮手推车行走的，由花岗岩石砌成的专用道。街道路面由粉碎的花岗岩石铺就"[1]，减少路面磨损并起到划分使用路面的作用。今天仍然可以在老城的云南路和小港看到这样的石条[2]。新中国成立后有一段时间修建的路有的也铺设花岗岩石条。1940年代至1960年代手推车是农民的主要运载工具，崂山县王哥庄公社农具厂、青岛车辆厂和同泰橡胶厂都生产手推车或车轮，在人民公社后期，几乎家家都有辆小推车[3]。

(a) 德占时期独轮车是主要运输工具

(b) 老城街道为独轮车设置的石条

(c) 现在手推车成为收废品者的行头

资料来源：青岛旧影.北京：人民美术出版社，2004:88

图4-11 手推车的变迁

---

[1] 西勒曼，1982：150.转引自[德]余凯思.在"模范殖民地"胶州湾的统治与抵抗.孙立新，译.济南：山东大学出版社，2005：254

[2] 青岛有句老话"穿皮鞋的走石条"，表示过去有的人为了显示自己穿了皮鞋专在石条上走，因为可以发出响亮的声音。

[3] 张秉山.青岛影像1 小推车的功勋.青岛早报，2007-02-01：37版

现在仍然可以看到手推车这种工具，但已经成为收废品这一行业的标志行头，看到推这种车的你就知道是收废品的，提高了识别性。一位收废品者告诉我，用这种小车是因为方便运东西，大多是从青岛老住户家买的，原来很多人家都有，现在本地老百姓家已经很少有了。青岛的收废品行业普遍使用手推车的原因基于三点：方便运输，行业标志，以前老住户家里有。最后一点很有意味，指明了来源，建立了这个近些年突然兴旺的行业与青岛这座城市的历史渊源，手推车从最早的本地和周边农民的手中作为家庭工具，到德占以后作为主要的人力运输工具，后来几十年里作为市民和农民的家庭运输工具，最后大规模转移到季节性的农民工手里成为收废品这一行业的专用工具。

通过访谈得知，收废品从业者全是外地人，很多是来自山东各地的农民，以临沂和日照居多，农忙还要回去，春种秋收和春节总共在家4个月，在青岛8个月。大多20到40岁，女的也有，但很少。每天收入20多元，除了吃用，每个月给家里600元。一般是几个人合租平房，每人50元左右，不开伙，买着吃，此外不怎么花钱，没有休息。没有人管、没人收费、没有被人欺负，以前曾经有过混社会的人收钱，现在没听说有了。不想在工地打工，因为拖欠工资的多，干这种活农忙还可以回家，也想干别的工作，但没有适合的。废品收购站很多，大多是外地人，要有社区和派出所等帮忙才能做，对于一般的收废品者来说门槛高。

收废品者吃饭的地方，在资料里看到过去台东附近有一个有名的为下层民众提供饭食的店。鞍山二路附近有一个小店，连牌子都没有，卖的是最便宜的饭，早上油条豆腐脑，中午晚上是馒头和稀饭之类的，很多收废品的人去那里吃，有时也成为一个小聚会的场所。

4.4.3 民间艺人与民俗艺术

在青岛，过去的民间艺人很多从撂地儿开始，空间上是在街道和广场等户外公共空间，时间上是在赶集、庙会、节庆等时候比较集中，其他地点如茶社、戏院等集中地方的外面街道和院子里，表演得好就有机会进入茶社和戏院等室内场所演出。撂地儿、茶社、戏院即是三种形式、三种场所，也是三种层次，撂地儿街上的人都能看，收入也最低，到茶社演就好一些，不再风吹日晒，演出与喝茶聊天活动并存，戏院是更加专业的场所，来的人专为看演出。此外还有一些艺人串里演出，也是在户外空间，属于露天练摊。以上几种场所都属于街道及两侧空间的研究范畴，老城的茶馆和戏院是与街道有紧密关系的室内空间，所以都是街头文化的一部分，但有一些大型的演出场所如解放后建设的人民会堂、经常举行演唱会和开幕式的颐中体育场、东部要建设的大剧院，这些基本与街头文化无关。

图4-12　劈柴院早已没有了昔日的繁华
资料来源：李强拍摄

新中国成立前青岛的江宁路，俗称劈柴院，其实是里院之间的小路，是民间艺人的街头舞台，两侧的里院有很多餐饮娱乐店面，是下层民众最常光顾的娱乐场所。在刘少文的《青岛百吟》中有诗写劈柴院，"铜琶铁板唱江东，意气轩渠自不同。多少英雄甘沦落，试看屠狗卖浆中。"作者自注："劈柴院近中山路最繁闹之区。院内皆劈柴架屋，故名。有说书场、百货摊、茶寮、饭铺、肉肆、酒馆，辐凑栉比，人声嘈杂，湫隘嚣尘，贵人不屑一顾。然房租轻而物价廉，穷措大得往来其中焉。"

"劈柴院娱乐业分三种，一是戏院，一是茶社，一是露天……青岛的茶社，是一种曲艺场。另外，有露天摆地儿的艺人摆上几条板凳，每演完一段，坐在板凳上的要交钱，站着看的可交可不交，叫有钱的帮个钱场，没钱的帮个人场。"[1]"这里有说书的、唱戏的、玩杂耍的、变戏法的、耍皮影的、拉洋片的以及放电影的等等……这里的锅饼、炉包、馄饨和豆腐脑最为有名，也最为抢手。……市民们来逛劈柴院，不为吃饭，为的是娱乐，所以都是一边买着一边吃，一边吃着一边逛。逛到说大鼓书的书场，端着碗坐下就听。进了电影院，边吃边看。因为每只碗都有几分钱的押金，所以在电影院以碗当票看电影，以碗当钱看拉洋片的等等，都不在话下。有些报童沿街叫卖时，碰上吃完饭端着空碗的，几分报纸往你怀里一塞，他就替你去退碗了。"[2]劈柴院的说书场是青岛最多的、最集中的地方，《青岛掌故》里写出名字的就有6家，劈柴院对于老百姓来说是个娱乐的地方，对于民间艺人来说是谋生的地方。青岛曾经是民间艺人闯荡的重要码头，排在全国的前几位，在青岛演得好在别处就一定能火。1932年18岁的马三立与刘宝瑞搭档来青岛闯江湖，听说劈柴院是卖艺人集中的地方，到了这里才知道，场子进不去，撂地儿也没地方[3]。遇到北京来青岛两年的说书艺人李来福，出于对二人的同情，李主动提出自己演完后场地可以由他俩用，这样才有了立足之地，后来认识了茶社班主王傻子，被请进了场子。评剧表演艺术家新凤霞1945年第二次来青岛，时局动荡，没有多少人看戏。她的剧团被困在青岛，其间有一段时间还去劈柴院王傻子的场子打过下手，新凤霞晚年回忆这段经历说王傻

---

[1] 鲁海.老街故事.第2版.青岛：青岛出版社，2003：192
[2] 王铎.青岛掌故.青岛：青岛出版社，2006：61-62
[3] 鲁海.青岛旧事.第2版.青岛：青岛出版社，2003：104

子背了一口袋粮食给送了来，让她终身难忘[1]。

新中国成立后很多艺术种类有了团体，保护了艺术，改善了艺人的生存状况，受到保护的艺术门类就留下来，而没有保护的小剧种很多衰败了。过去街道、茶馆、戏院、剧场、集等都是民间艺人的舞台，现在这些活动很少在上述空间尤其是街道、集和茶馆里发生了，户外公共空间一般不允许卖艺。民间艺人要在电台、电视、碟片、晚会和剧场演出等方式中谋求生存。民间艺人的谋生空间变化了，转移了，已经不在街道和茶社等传统的空间谋生了。巴黎蓬皮杜艺术中心的广场上还会看到一些艺人的街头表演，丰富了广场上的活动。当前国内在街头演出的艺人很少，有一种叫流浪歌手，水木年华组合的卢庚戌就曾经当过流浪歌手。还有一种能见到的盲人拉二胡，大多属于乞讨的形式。街道的娱乐活动变少、不丰富了，老百姓在户外公共空间的公共生活减少，街道的公共性降低了。有一年我在浙江温岭看到街头搭台的地方戏表演，虽然听不懂，但感到十分好奇和兴奋。

《赢家通吃的社会》中提出了这样的观点，由于现代传媒的发达，每个人都可以听到最好的歌手的碟片，那么就很少甚至不会再听中下水平的歌手唱了，于是做不到最好的就只能赚得很少，生存状况变得困难。"……世界大市场……它的'频道'有限，不会为排名太低的选手和演员提供机会。基层球队、省城歌星曾经是社会文化生态的重要组成部分，已经或即将被大众媒体判处死刑。" "长久以来，赢家通吃式的酬赏制度在演艺界、体坛、艺术圈内就已普遍行之。" "以相对表现来定奖酬，是赢家通吃市场的一个最重要的特点……第二个特点是奖酬很容易集中在少数几个顶尖的杰出人才手上，而才智或努力方面的微小差异往往造成所得的莫大差距。"[2]

同样的道理，主要的演出阵地转为电视、碟片、晚会、电台等，没有媒体参与的剧场演出比例大大降低，街头的民间艺术活动更是少见了，其结果是少数最受欢迎的艺人更好地生存，其他的艺人和艺术形式都处在低收入、没人学、濒临失传的状态。过去可能每个城市每种艺术形式都有自己的"角"，而媒体时代在家里就可以听全国最好的"角"唱，地方的"角"就更少有人关注了。民间艺术形式的舞台从物质空间转变为媒体，这种阵地的转变，在扩大一部分艺人和艺术形式影响的同时，也伤害了一部分艺人和艺术，伤害了街道等公共空间的公共性。

媒体影响和控制了物质空间，可以使信息到达广阔的物质空间，进而影响和改变了人们的生活。下面以相声为例讨论民俗艺术的生存状态，相声这种

---

[1] 魏世仪，鲁海. 百年海韵·青岛中山路. 北京：解放军文艺出版社，2002：209，210，216
[2] [美]罗伯特·法兰克，菲利普·库克.赢家通吃的社会.席玉苹，译.海口：海南出版社，1998：序，8，32

艺术形式从早期的撂地儿、茶社、剧场，到解放后以剧团演出和电台为主，达到发展的高峰，出了侯宝林、刘宝瑞、马三立等一批大师，在电视媒体造就春节晚会主导的时代虽然也有马季、姜昆的家喻户晓，冯巩、牛群之后相声也渐入低谷一片低迷[1]。近十年语言类节目中，小品这种艺术形式是发展得最好的，已经形成在语言类节目中赢家通吃的局面。从相声发展与舞台变化上，可以发现其中的规律，媒体越是发达，相声离物质公共空间越远，与普通老百姓面对面的接触、互动、交流、反馈越少，发展的后期就是春晚上几分钟的高度聚焦，数亿观众同时观看，影响大到极点，时间宝贵到极点，让极少的几个演员家喻户晓，挤不上春晚的大部分演员境遇大不相同。媒体造成的注意力在短时间内的高度聚焦和影响力的高度爆发，反过来也造成时间的宝贵，对传统相声段子时间长度形成巨大限制。2006年相声回归剧场是很有意思的现象，其实质是相声的主要演出阵地重新回到物质公共空间[2]。相声从撂地儿来，在茶馆剧场兴旺，通过电台和电视走向千家万户，但是也差点"死"在电视晚会手里。比较有趣的是一个相声团体在剧场说相声具有了本地区的影响，而通过媒体（报纸、电视、网络）获得了全国范围的影响，这既有回归剧场回归传统的作用，也有媒体尤其是网络的作用，这需要继续观察，如果下面一个时期，相声没有多个点广泛的发展，而只是一个团队赢家通吃，那就不是相声艺术的复兴了。

青岛在民俗艺术方面的地位已经彻底丧失，劈柴院已不再是艺人聚集的场所。青岛现在的剧场和茶馆的公共性已与过去大大不同，过去是喧闹的（听戏、听相声），现在是清静的高档休闲场所；过去消费很低，现在按时间或茶品计费，一个人要消费十几元到几十元。地点也发生变化，过去在大鲍岛区（今劈柴院、四方路、中山路附近），现在虽然中山路也有，但更多的是在东部新城区的闽江路、漳州一路等餐饮娱乐集中的地方。而且现在这些场所很少，于是只是少数人的公共场所，这部分人一般是社会的中上阶层，过去上茶馆是大众生活，现在与咖啡厅和酒吧一样被认为是小资情调。白领也不是经常去，一般是聚会时才去。"有人说，青岛的茶馆很像大街上忽而流行的唐装，穿着古人的衣服演绎现代人的梦。"[3]

---

[1] 1993年，台湾的话剧《那一夜我们说相声》讨论了民俗艺术的状态，其中提到大陆还有相声，但是在晚会中做点缀，估计也快完了。

[2] 有的相声团体坚持在茶社和小剧场演出，愿意花时间、花钱买票、跑到剧场来听的大多是喜欢他们的相声，是捧他们的人群，说给喜欢的人听，听喜欢的"角"说，这就是过去茶馆剧场里面唱戏、说相声出"角"的方式。在相声不景气的时期，相声回归剧场，让很多人又开始听相声，使更多人重新注意相声，在注意力经济的时代相声重新进入人们视野、重新获得关注、重新获得发展机遇。

[3] 张长征.唯求清雅不事张扬——青岛茶馆的设计风格解析.中国科技信息，2005（08）：221

昔日雅俗共赏的街头文化，今日却只能为精英阶层所有，是时代的进步还是退步？茶馆剧场如今是中上层的场所，不像过去是中下层为主，不过好在社会的发展趋势是两头小中间大，中产阶层的壮大会使这些场所重新提高公共性，变为大多数人的场所。但是这个过程很缓慢，这个过程也会磨灭掉很多东西。

4.5 街头政治

"街头是城市中最重要的和最经常为各阶层人所使用的公共空间，任何事件发生在街头都会造成比其他地方更为轰动的效应。"[1]历史上，青岛的街头在工人罢工运动、各界市民反帝运动、军队游行和各种示威游行请愿活动中，成为政治冲突的舞台。青岛建城不久就先后被德、日殖民占领，社会矛盾主要是中华民族与帝国主义的矛盾、工人与资本家的矛盾，围绕着这样的矛盾，在1920—1930年代呈现出几次反帝爱国运动和工人罢工运动的高潮，许多政治事件在街头上演，街道成为斗争运动的阵地。

工人罢工与游行

青岛的工人阶级随着德国在青岛的近代工业的建立而逐渐形成，在德日统治之下地位低下、安全无保障、终日劳累、不得温饱[2]，痛苦的生活状况迫使他们团结起来进行反抗斗争。早期的工人斗争一般是怠工、破坏设备、逃跑，这些斗争规模小、影响作用也比较小，斗争空间局限于工厂。1903年到1907年间出现秘密组织抗德义勇队[3]，他们的斗争活动常常利用街头公共空间，例如拉洋车的义勇队员将寻欢作乐后回营的德国兵投进大海，这些极端的行动造成了一定的威慑作用。

《青岛工人运动史》所载的最早的罢工是1909年青岛木工所工人反抗德人工资罢工[4]。但没有走出厂区，进入街道公共空间，这与德日殖民当局严酷统

---

[1] 王笛. 街头文化——成都公共空间、下层民众与地方政治，1870—1930. 李德英，谢继华，邓丽，译. 北京：中国人民大学出版社，2006：303

[2] 地位：德人在码头私设刑堂；小港有个德国监工以打人为乐，打跑了6个工人；"日人要打就打，要骂就骂"，隆兴纱厂一个日本监工抓起出错的童工往地上摔；一位老工人回忆1924年在终渊纱厂半年挨打6次，全班100多工人只有十几名技工没有挨打；纱厂工人下班出厂要解衣扣腰带搜身。劳动：德占时期码头工人每天工作12~15小时；日商纱厂每班12小时，有时无偿加班，不给吃饭时间，让工人边吃饭边干活；缺乏劳动安全保护，报载建设"石头楼"（总督府）从脚手架上摔死的工人有十几人。生活：想养家糊口就得多吃糠菜，当时绝大部分工人营养不良面黄肌瘦；日本纱厂由于童工的工资低、容易管，大量使用童工；纱厂采用押薪制；中外工人同工不同酬；大康纱厂宿舍分两班昼夜轮流住人，码头工人流传"一铺一盖，两条麻袋"的说法。以上整理于：青岛市总工会工运史研究室. 青岛工人运动史（1897—1949）. 北京：中共党史资料出版社，1989：35-39，60

[3] 青岛市总工会工运史研究室. 青岛工人运动史（1897—1949）. 北京：中共党史资料出版社，1989：41-42

[4] 青岛市总工会工运史研究室. 青岛工人运动史（1897—1949）. 北京：中共党史资料出版社，1989：43

治、对于公共空间强势控制有关。直到1923年8月23日（1922年北洋政府回收青岛），胶济铁路局长因工厂丢失一件雨衣开除多名工人，四方工厂1000余名工人从四方出发来到铁路局所在地，下午5时包围局长办公大楼，直到深夜12时[1]。这是青岛工人首次走出工厂的罢工抗议行动，圣诞会的组织使罢工达到一个比以往更激烈的程度，但这次行动虽然使用了街道，只是利用了街道的通行功能，其目的地是铁路局办公楼，并没有记载表示他们有意识地利用街道公共空间进行宣传扩大影响[2]。

真正把斗争从工厂扩展到街道空间，利用公共空间扩大影响争取支援的案例是1925年4月21日大康纱厂工人上街游行，反抗日本厂主破坏工会、搜查宿舍、扣押审讯拷打3名工会代表以及抗议工作生活状况恶劣。罢工之前就向各界散发《泣告书》[3]，这次罢工组织得非常充分[4]。《民国日报》记载"每人手执小旗一面，前有工会纠察团大旗一面为前导"。游行中散发第二次《泣告书》说明他们不得已罢工的原委，恳请各界给予实力援助[5]。街头游行使罢工的影响迅速扩大，得到了各界广泛的同情和支援，"当天四方工厂1400余名工人怠工以示援助，23日内外棉日本纱厂3200名工人罢工支援，24日日本隆兴纱厂5000名工人响应。……罢工风潮席卷全市，参加罢工者近2万人。日本在青岛的6大纱厂全部停产。"[6]青岛大

---

[1] 青岛市总工会工运史研究室.青岛工人运动史（1897—1949）.北京：中共党史资料出版社，1989：48-49

[2] 1924年初港政事务所的工人罢工反对裁员，到督办公署请愿。但记载简略，无法确定是否利用公共空间。青岛市总工会工运史研究室.青岛工人运动史（1897—1949）.北京：中共党史资料出版社，1989：50

[3]《泣告书》写道"俺纱厂工人一天做十二点多的工，得一毛多钱工资，日人要打就打，要骂就骂……十三岁以下的童工吃不饱，喝不足，还得做十三点的苦工，少一合眼就劈脸使拳猛打……小孩也只有偷偷掉眼泪。大工人稍不慎，即时拳足交加，少一招架，就拿手枪示威。咳！我们受的痛苦实在不是嘴能说出！……谁能照顾呢？所以我们组织一个工会，互助扶助，互相解愁，无非是穷人帮穷人。不想日按着手枪搜查了好几遍……把我们的工友拿了三个去，连同带拷问……追问我们这些奴隶，怎么还要组织工会？先生们啊！青岛是我们中国人的地方，我们是中国人民，让不让组织工会，是中国地方官员的责任，日本人有什么利害搜中国的地方押中国的国民呢？这就是欺负我们国家，侵略我们主权……到底中国还是不是独立的国家？我们的工会就此成立了！大家都来帮助呀！被扣留的工友妻子还哭得不能吃饭呢，四五千工人的性命，眼看都送到几个日本鬼子的手里，四万万同胞都被他们欺负煞了！" 青岛市总工会工运史研究室.青岛工人运动史（1897—1949）.北京：中共党史资料出版社，1989：61-62

[4] 罢工指导委员会之下设立宣传、交际、交通等股和纠察队、演讲团、下层军警接待委员会等专门组织。纠察队防治破坏、保障工人安全、维护罢工秩序。接待委员会联络下层军警，向他们讲清罢工原委，使其同情罢工。

[5] 青岛市总工会工运史研究室.青岛工人运动史（1897—1949）.北京：中共党史资料出版社，1989：64

[6] 青岛市总工会工运史研究室.青岛工人运动史（1897—1949）.北京：中共党史资料出版社，1989：64-65

学学生会、胶济铁路总工会、终渊纱厂等很多工厂成立后援会、互助会，进行宣传募捐和支援，中共山东地委调集十几名党团员到青岛协助工作。济南各界募捐支援，上海工人汇捐款、派代表慰问演讲，表示如果日本资本家不答应工人条件，上海工人将举行同情罢工[1]。经过调停和讨价还价达成复工协定，5月10日下午，1万多工人在大康宿舍外的广场，敲锣打鼓庆贺罢工胜利，会后全体出发游行，工人手执工会大旗，沿街高呼口号，游行后大康等3家纱厂工人举行工会挂牌仪式。"工人簇拥三家工会的牌子为前队，次为军乐队，次为中乐队，次为会员，队伍衔接长逾数里……"[2]这是青岛纺织工运史上取得的前所未有的胜利，罢工主要依靠的是工人阶级团结、组织性、纪律性，工会起到了强大的组织作用，同时选择了与以往罢工不同的方式，开展街头游行、散发传单，利用公共空间宣传，扩大影响，得到本市、济南、上海工人和社会各界支援，达到青岛工人运动空前的高度和影响。

5月29日和30日青沪惨案的发生，使工人运动扩大到整个社会，青岛各界受到极大震动，纷纷开展集会、通电、示威、演讲、募捐、抵制英日货等行动，据不完整统计，6月至7月，大小集会上百次，其中3万人大会2次，集会演讲募捐几乎天天都有，成为这一时期常见的街头景象。6月9日起全市中等以上学校罢课，当天上万学生上街游行[3]。

《青岛·案史料》《申报》记载，1925年6月11日上午10时，各校学生齐聚齐燕会馆。计到者为青岛大学、胶澳中学、胶东中学等20余处，人数约计万余……鱼贯而出，秩序井然。由山东路经过市场一路、市场二路，至四方路，转向东行，经潍县路，复折西行入北京路至河南路，时已下午1点余钟，遂返回齐燕会馆……当游行队前行时，该队之长，约有二里，蜿蜒而行，旗帜蔽空，观者如堵。凡所过处，行人驻足，交通断绝，来往车辆，一概停止[4]。13日数百名学生分30余组，手持演讲团旗帜在街头演讲，"各地听讲者，人如云集，听者无不为之感动"[5]。6月14日四方工厂全体工人上街游行，工人臂挽黑纱手持白旗，游行队伍经奉天路（今辽

---

[1] 青沪两地的日本纱厂大都同属一个总公司。青岛市总工会工运史研究室. 青岛工人运动史（1897—1949）.北京：中共党史资料出版社，1989：65-66

[2] 青岛市总工会工运史研究室. 青岛工人运动史（1897—1949）.北京：中共党史资料出版社，1989：71-72

[3] 青岛市总工会工运史研究室. 青岛工人运动史（1897—1949）.北京：中共党史资料出版社，1989：85-87

[4] 青岛人士援助沪案之热烈. 青岛·案史料，申报，1925-06-16.转引自：青岛档案信息网 旧报新读[N/oL].http://www.qdda.gov.cn/

[5] 益世报，1925-06-13.青岛市总工会工运史研究室. 青岛工人运动史（1897—1949）.北京：中共党史资料出版社，1989：87

宁路)、山东路(今中山路)赴警察厅请愿,要求释放被捕工人,接着又去英日领事馆门前示威。16日齐燕会馆开会后,3万群众列队到胶澳督办公署请愿,要求释放被捕工人。五卅反帝运动席卷全市,工人、学生、宗教人士、贫苦的家庭妇女、贵妇小姐都纷纷捐款,甚至儿童也捐出自己积攒的零花钱。山东省和胶澳当局发布了诸如禁止演讲、募捐、集会、游行、结社等禁令,很多工会被封闭或解体,可见当局对于工人和各界的街头反帝政治运动的恐惧和力图控制。

图4-13　1925年6月16日青岛各界3万余人游行经过中山路

资料来源:青岛市史志办公室.青岛世纪图志.北京:方志出版社,2001:100

表4-3　1929—1949年的街头政治斗争

时　间	事　件
1929年	7月开始发生长达4个月的反日大罢工,参加罢工超过2万人,8月4日全市日厂5000名失业工人游行示威,当局派人到沧口劝告2000名工人就地游行,另外将四方和东镇3000工人诱迫到汇泉广场集会,以免进入闹市[1]
1930年	青岛市政府与国民党部之间的派系斗争为工人运动带来机会,40个厂发生工潮近百次,参加工人3万,形成工人运动高潮。4月5日大英烟厂工人正在计划游行被获悉赶来的台东公安局长解散,9日工人集结千人一路高喊反帝口号向市区进发,走到辽宁路泰山路拐角,与军警冲突被冲散[2]
1936年2月10日	青岛爱国学生走出校园组织宣传队,在群众中宣讲国内形式,散发反日传单,高唱救亡歌曲。国民党当局捕走6名学生领袖,引发3月2日全校罢课,当局包围学校镇压[3]
1946年4月20日	青岛4000余名人力车夫因车主剥削,负担过重,向国民党市党部请愿[4]
1946年5月19日	青纺一厂1000余名失业工人因厂方不发救济物资到市政府请愿。1947年6月警备部严禁学校、工厂、商店游行示威[5]
1947年11月1日	海军造船所工人为调整待遇罢工游行,从苇县路经四川路、广西路、云南路[1]

表格自制,整理自青岛市总工会工运史研究室.青岛工人运动史(1897—1949).北京:中共党史资料出版社,1989

---

[1] 之后有镇压、拉锯协商、厂方招募新工强行复工秘密复工、数千工人冲厂、数百工人包围工厂沧口街上人山人海等事件发生,最后终于形成折中的复工协议。青岛市总工会工运史研究室.青岛工人运动史(1897—1949).北京:中共党史资料出版社,1989:133-137
[2][3] 青岛市总工会工运史研究室.青岛工人运动史(1897—1949).北京:中共党史资料出版社,1989:144-149,211
[4] 青岛4000余名人力车夫向国民党市党部请愿.军民日报,1946-04-20.转引自:青岛档案信息网 旧报新读[N/oL].http://www.qdda.gov.cn/
[5] 警备部特告学校工厂商店严禁游行示威.平民报,1947-06-03.转引自:青岛档案信息网 旧报新读[N/oL].http://www.qdda.gov.cn/

纵观青岛工人运动史，游行示威等街头活动往往发生在工人运动的高潮历史时期，并且有强有力的组织。斗争主题是反日反帝、反资本家压迫等能够引起广泛的同情和支援，同时当局处于观望、默许、支持或者上层派系斗争的状态时，街头政治活动容易有机会进行，而在德日占领时期，当局严酷统治下，街头斗争不具备条件，难以开展。

游行的路线常经过闹市、繁华地段，目的地多是管理机构如市政府或者警察局、铁路局等，从路线和集会地点也能反映出城市的中心区和工厂区，可以从中看到青岛100年来城市中心或者具体到政治空间中心的转移。1920年代工人罢工游行，当局为了避免工人在闹市影响大，连骗带迫让他们在汇泉广场集会，因为这时的汇泉在城市的边缘。

"文革"期间的游行终点和集会地是汇泉广场，因为这时的汇泉广场已经成为城市的中心。1999年学生游行抗议美国轰炸我国驻南斯拉夫大使馆，集会地点是五四广场，近年其他较大的五一、十一等纪念日活动也常常在这里举行。从1992年开发东部开始，这里已经成为城市的中心。

工人游行的起点和终点，还反映出城市中的空间功能区位分布和人群的区位分布，管理机构和公共建筑位于南部，工厂位于城市北部，沿铁路向北连绵不绝，工人的居住地点靠近工厂和台东附近，呈现南宿北工的生活，而游行的路线方向大多表现出南北向，也是对南北狭长的城市形态的反映。

图4-14　德占时期的军队游行
资料来源：青岛市史志办公室.青岛世纪图志.北京：方志出版社，2001:56

军队游行对街道的使用

德占时期有过一些军队游行活动[2]，日本占领军把街头当成宣传占领者姿态的舞台，进行游行活动。如1914年11月16日日本军队开进青岛市区游行[3]。1938年3月24日日本海军陆战队举行大游行，在民团集合出发。路线：山东路—吴淞路—德平路—青岛神社，参拜后，第一部队大港—小港—台西镇，第二部队台东镇—湛山—跑马场[4]。1945年10

---

[1] 青报，1947-11-03. 转引自：青岛市总工会工运史研究室. 青岛工人运动史（1897—1949）.北京：中共党史资料出版社，1989：338

[2] 卫礼贤在《中国心灵》中就记录了一次军队节庆游行。

[3] 青岛市青年运动史工作委员会，共青团青岛市委青运史办公室. 青岛青运研究二，1988（10）：167

[4] 日本海军大游行. 青岛新民报，1938-03-24. 转引自：青岛档案信息网 旧报新读[N/oL]. http://www.qdda.gov.cn/

月27日，美国海军陆战队第六师为庆祝美海军纪念日在青岛举行大游行。路线龙口路、太平路、中山路、冠县路[1]。

德日和美国军队游行，有时表达的是炫耀和威慑，有时是一种庆祝活动，这和工人学生是同样的理由，使用街道空间游行，可以扩大影响，可以让市民看到，可以把宣传效果最大化。

街头纪念碑

纪念碑总是具有神圣的色彩，至少对于立碑者或者当局代表了一种神化、崇高化、政治化的愿望，街头纪念碑使周围的空间具有了政治气氛和感受。青岛路北端对着总督府即历届政府办公地和观海山，另一端对着一个太平路上朝向海边突出的小花园，这里是一个特殊的位置，因此这个地点很长时间树立着纪念碑，由于纪念主题具有政治性，也使得这个空间场所具有了政治性。德占时期为病故在青岛的总督设立了叶什克纪念碑。日本占领青岛后，将铜片揭去，外观没有改动，却成了表彰日本攻略青岛的纪念碑。中国收回青岛，将其改名"胶澳接收纪念碑"，抗战胜利后易名为"抗战胜利纪念碑"，这一名称一直延续到"文革"之前。据王栋提供的材料，这个碑在1967年夏天拆毁，青岛二中和山东海洋学院的红卫兵捣毁了纪念碑的石柱[2]。

这个纪念碑的位置关系与新城区五四广场的雕塑"五月的风"的位置关系相比较可以发现具有相似性。五四广场北端对着市政府，南端对着"五月的风"，结构关系一致。青岛路中间有绿化带两侧是路面，五四广场也是中间绿地两侧路面。在形态关系和尺度迥然不同的新老城区行政中心，居然有如此相似的结构关系，可见青岛新城区在一些方面受到了老城的影响。

维权

街道空间的政治用途在当代比以往弱化了，然而并不是完全没有了，在一些特殊事件发生时，人们还是会使用街道，如一些外事会议、特殊纪念日的活动等。2006年香港路上出现过一次宗教界人士进行的以祈求和平为主题的游行。

另外还有一种变化了的政治——维权活动，常常使用街道空间。德国柏林每年都有固定的日子由特定的团体进行街头政治活动，仿佛过节一样，例如有一天很多人骑自行车上街对小汽车交通造成冲击，表达对汽车霸权的抗议，其实也是维护自行车和步行者的权利的方式。青岛的维权活动可能是当前主要的街头政治活动。比如农民工讨薪，我曾经乘车看到过几个民工在抚顺路街边的企业门口拉着"还我血汗钱"的布幅，企业出来几个人与之发生了争执，他们要把民工拖进房子里面去，似乎一场打架准确的说是殴打就要发生。其实正是

---

[1] 美国海军陆战队第六师在青岛举行大游行及阅兵礼. 青岛公报，1945-10-27. 转引自：青岛档案信息网 旧报新读[N/oL]. http://www.qdda.gov.cn/
[2] 叶什克纪念碑[EB/oL]. (2005-04-17). http://www.qingdaonews.com

由于民工的权益受到侵犯时缺乏畅通、有效的渠道和方式来维权，他们才会选择重新使用古老的利用街道空间的方式。维权有时也利用路旁建筑，有的小区住房业主与开发商或物业之间出现矛盾，业主在建筑窗外拉起条幅抗议。但报纸对这些很避讳，前一件讨薪的事，一家报纸称从不刊登打架事件，后一件事被报为乱拉广告条幅。还有比较极端走投无路的民工站在塔吊或建筑上，以跳楼相胁来讨薪。街头的维权表明法律途径和媒体监督途径不畅通，有专家说对于弱势群体的保障需要主动，不能只是说他们有权利打官司。街头维权显示出社会在快速发展中的利益冲突、社会冲突。

第5章 结语

青岛老城由于特殊的历史而形成了特殊的街道网形态，德占当局进行华欧分区治理，依不同的标准规划建设道路和建筑，华人居住大鲍岛区、台东、台西，与欧人区的街道网密度、路宽、景观等方面截然不同。德占时期的青岛城市街道网形态定了调子，留下了鲜明特征。在形态分析中得出老城三种尺度的街道网。日占和国民政府时期基本延续了德占时期的大格子路网的尺度扩展城区，而很少使用小格子高密度路网尺度。老城逐渐形成了以大格子为主的路网形态。1990年代以后路网尺度发生很大变化，东部新城区相比于老城是超大格子路网。

三个大建设时期路网提炼骨架的分析表明，在德占时期的城市路网强调了华欧分区和网络特征，但没有强调分级。国民政府时期的规划分干道和支路两级，但其干道网仍然是大量的、密集的。而在1990年代以后的规划和建设都表现出明显的多层次分级，以高级别道路把握城市形态与结构。其转变是对交通压力的反映和对路网认识的变化，以容易理解和把握的树型结构来规划和建设城市，代替复杂、不易理解和把握的网络型结构。

青岛街道网的特征第一是棋盘格网，第二是靠近山体的路网因地势而变化，其中一部分有明确的环山、半环山特征，并且进行车行道和步行坡道台阶的分工，另一部分整个街区的路网没有明确的平面形态组织特征，但单条道路随山地起伏、线型曲折蛇行。第三是放射形路网。

街道的比例尺度仍然表现为与历史形成和人群分布有关。大鲍岛华人区和小港的街道，常态的宽度与高度的比$D:H$一般在1~2之间，接近2的居多，街道宽度大多为11~13米，比较亲切，与华人平民的高密度居住相适应，是产生浓厚生活气氛的空间基础。欧人区中山路南段和广西路常态$D:H$为2~3，街道也比华人区宽，为24~27米。新建建筑改变路宽时常达到30~35米，$D:H$有高层的地方0.5~0.2，有压迫感。改造大多数情况下拓宽了街道，但建筑高度常大幅提高，使$D:H$更接近1甚至小于1，但这种街道空间比例的变化并没有使空间感受变好，相反，由于尺度的变化，使得空间向远人、巨大的方向变化，一些高层建筑的街段发生了质的变化，人行道层的空间感受和步行体验大为降低。在新城区往往街道尺度较大，即使保持接近1的比例，仍然很难具有亲切感，相反倒是里院街区内常见的$D:H$为2的比例更为舒适。

青岛老城的街道讲究对景，看海、向山、对建筑，这种特征在靠近南部沿海地带明显。最早是欧人城区，后来也一直是公共建筑较多和富人居住的地区,这种城市设计特征与街道形成的历史、居住人群分布有直接的关系。

人群的居住空间分布表现为区位差异和住宅类型差异。富人居住在城市中条件和景观好的位置,为建设质量较高、密度较低的住宅类型。平民居住在区位差的地区,一般靠近平民工作的地区:码头、工厂等,为密度高、质量差、标准低的住宅类型。对于街道景观和街道生活造成的差别在德占时期和国民政府时期已很明显,在1990年代又变得更明显起来。在大多数历史时期,平民居住街区的街道界面比较连续,路网相对较密,街道生活丰富,人多、活动多、生活气息浓,如大鲍岛区、台东、小港街区、大港街区、延安路居住区、1990年代的棚户区改造,即使是多层开放小区多底层开店,有些建成年代久还会加建沿街店面形成街道,与中上阶层为主的封闭小区不一样。正在进行的小港和云南路改造,在原来的相对较密的路网基础上容积率更高。

高密度、短街段的路网形式增加了街坊沿街面,提供了更多的店面,以及逛街的方向变化的可能性,也使街区内的街道可以更多地参与主商业街的活动、相互配合、互补经营,提高了街道的多样性和丰富性,对商业的发展起到促进作用。大鲍岛区和台东从开始就是华人居住区和商业活动地,商业一直延续下来,这两个街区先后成为青岛最繁荣的商业区,同时也是老城乃至整个青岛城区路网密度最高、街段最短的街区。

退路进室是现代城市生活室内化的表现,不仅市场,商业街也受到大型室内商场的冲击。规模越大的超市越有街道网的特点,像是密度非常大、由专业街形成的微缩版商业区。从室外到室内,形态、密度、尺度上发生极大变化,更重要的是生活的变化,室外商业街的街道生活丰富、多样、复合,很多不同种类的活动共处于同一空间,如购物、餐饮、闲逛、文化娱乐、民俗艺术、公益活动、教育等,而室内购物场所生活纯化,完全是商业消费活动,商品高度分区分类,活动的目的性强。

特色街是生活纯化、专业化的表现,其形成是商业聚集的规律,但却对街道、街区、城市生活的丰富性和多样性带来打击。专业街大量发展,各种类型的商品和服务分街道集中,迫使人们更多地使用交通工具,行动和活动的目的性更强,生活更纯化。人们越来越追求效率也使空间向专业化变化。按目前的变化方向来看,过去在逛街中多种活动的街道体验趋向于减少,想在一次外出达成多种目的就更依赖于地区性大型综合商场,但这使生活室内化更严重。

功能分区、生活纯化、人们追求效率和生活方式改变、汽车降价、缺乏对汽车的抑制等使汽车进一步增加。街道空间从人的步行为主转变为以车行交通为主,带来了广泛的影响,街道变得不利于安全、交往、安静、呼吸、游戏、行走、穿越……城市街道的这种变化是对居住造成了刺激之后的自卫性质的封闭反应。封闭小区增多，开放小区也追求道路的通而不畅，以减少小区外车辆的穿越，这种封闭反应了想保护小区内部的想法。反过来，封闭趋势也使城市公共使用道路的密度变低，交通压力变大，城市街道的问题进一步加剧。对于汽车增加而带来的巨大压力不能指望依靠开放小区内部道路来缓解，整个城市的所有道路也不能承受越来越多的汽车。应该靠抑制小汽车发展，大力发展公共交通来改善，丹麦哥本哈根用30年的时间把中心区变成完全步行的空间，中心区的空间质量提高了，街道生活丰富，原来人们认为丹麦人并不热衷于户外公共生活，但现在的情况发生了改变。如果青岛的两个重要商业区台东和中山路通过几十年逐渐转变为步行区，那么公共生活显然会更加丰富、多样，会吸引更多的人重新热衷于街道公共生活。同样的道理，只有车不那么多，小区开放更多的内部道路成为城市街道才能提高空间质量，才能为人们所接受。另一方面，应该提高街道网密度，形成小街坊。

街道作为游戏空间和休闲空间所受到的打击是沉重的，原来的整个街道网都适合开展休闲游戏活动，街道空间曾经承载了人们的童年，成为他们游戏的场所，而对老年人来说是健身、下棋、聊天的场所。现在只有极少的街区内的街道还能承载这些活动，城市中大部分地方都只能把活动集中在广场、公园、小游园和少数老街区等少数地点进行，致使游戏空间大幅度减少，孩子想要很方便迅速地到达游戏空间变得不可能，很多原来在街道里开展的老游戏失传，孩子的户外活动减少。小港和云南路街道上打牌下棋的活动明显要比多层住宅小区要多，而多层小区越是高档、封闭的，休闲活动越少，这又与居住人群有关。在对休闲活动穴位的讨论中发现，在这些老街区内部的中间级别的街道上的活动较多，尤其集中在路口、门洞口和靠近小型服务设施的地点更为集中，对位置的选择上因季节对阳光有不同的需要。

节庆空间减少了对街道的使用，有室内化的倾向，使街道的公共性进一步下降。有代表性的是萝卜会地点的转移、天后宫庙会的规模和内容丰富程度变小、很多会展在室内进行，婚礼对街道空间的使用时间比例降低、使用方式变化，婚车相比于花轿对公共生活的贡献大大降低。最近几年的糖球会对街道的使用，啤酒节期间登州路啤酒街的傍晚禁车是一个新变化。

安全、交往、孩子的成长、谋生、街头政治等都是生活的一部分、一个角度，大都与历史成因、形态、居住人群、交通等交织在一起，彼此互相影响。老街区尤其密度较高的里院街区的安全和交往状况都明显比新的多层小区要好，观察和调查都显示，在领域感、街道眼、持续监视方面，小港里院街区的街道空间和住宅类型对安全有支持作用，低收入人群和老人比例高，对街道监视起到作用，可以维护安全，并增进交往。小港街区的二级街道作为公共活动空间的作用明显，车少有穿越、空间尺度近人、阳光好、街段短、路口多、小店在路口集中，进里院的门洞多，这些空间形态上的特点综合起来对安全和交往做出了支持作用。这样的空间对于孩子来说也是安全的，利于开展游戏活动，对孩子一起玩、培养协作能力、竞争意识、交往能力、认识世界、认识社会都是有帮助。在对犯罪多发地段的分析中发现新区及老区中已经改造为多层小区的地段，是相对更不安全的。现代城市人的交往活动时间减少，尤其是户外交往活动减少，休闲方式有明显的室内化、信息化、封闭化倾向。这些既与现代城市人追求生活舒适、效率、保护隐私等要求相吻合，又与人的社会交往和情感需求相背。网络聊天和养宠物都是这种需求的补偿，造成了与宠物交流、与千里之外的陌生人交朋友、玩网络游戏、在网络上倾诉内心的喜悦与苦恼，而与近在咫尺的邻居互不相识。天涯若咫尺，咫尺若天涯。除了少数情况外，这些活动方式对于增进街区安全、交往、丰富街道生活没有贡献。从这个角度上进入一个"街道不好——不去街道活动——街道更不好"的循环。

街头谋生者大多为街道生活的丰富和维护街道安全作出贡献。手推车从运输工人到居民到收废品者的辗转反映出生活的变迁。民间艺人谋生舞台的变化，则反映出民俗艺术的生存状态，其中一部分已经从民众生活中消失而成为濒危艺术。这与现代人大幅度地减少了在街头和街边茶馆等场所进行文化娱乐活动有密切关系，正是媒体的发展，人们的生活信息化，才使得人们在家庭里看电视、听碟片等，看最好的艺术家、最有吸引力的艺术形式，廉价、方便、高效。很多竞争力弱、地方性的、小门类的艺术形式失去了原来的街头和小剧场舞台，又遭遇在民俗艺术上的赢家通吃的局面，生存状况艰难，这也使街道和茶馆、剧场等原来重要的休闲娱乐空间的公共性降低，对于公共生活造成了伤害。街头政治是在社会矛盾爆发时的反应，使用街道是比较古老的但又非常有效、具有极大公共性和宣传扩大影响力的方式。在地点和线路上，早期倾向于直接到负责部门抗议，后期逐渐成熟，倾向于在闹市区进行游行，并通过各种宣传方式扩大影响，争取同情和支援。而当局也常试图把活动限制在中心区、闹市区之外，这不仅是对话语权的争夺也是对空间的争夺。军队游行和纪念碑地点也是出于同样的思路，区别是更为容易地使用重要区域的街道。街头政治与具体街道空间的形态密度关系不明显，与街道的位置、主要程度、两侧功能有关系，街头政治偏爱闹市、政府前的街道、重要的广场。

街道空间与功能性的空间用途、社会性的空间用途交织在一起彼此相互地影响。一方面人们的生活影响了街道，另一方面街道也影响着人们的公共生活。

参考文献

[1] [加拿大]简·雅各布斯.美国大城市的死与生[M].金衡山,译.南京:译林出版社,2005:29,35,37,58-60,83,85,205

[2] [丹麦]扬·盖尔,拉尔斯·吉姆松.公共空间·公共生活[M].汤羽扬,王兵,戚军,译.北京:中国建筑工业出版社,2003:5,6,64,80

[3] [丹麦]扬·盖尔.交往与空间[M].第4版.何人可,译.北京:中国建筑工业出版社,2002:13-17

[4] [英]克利夫·芒福汀.街道与广场[M].张永刚,陆卫东,译.北京:中国建筑工业出版社,2004:13,139,140,141

[5] [美]迈克尔·索斯沃斯,伊万·本-约瑟夫.街道与城镇的形成[M].李凌虹,译.北京:中国建筑工业出版社,2006:3,107

[6] [美]帕克 R E,伯吉斯 E N,麦肯齐 R D.城市社会学——芝加哥学派城市研究文集[C].宋俊岭,吴建华,王登斌,译.北京:华夏出版社,1987:1-6

[7] [日]中村攻.儿童易遭侵犯空间的分析及其对策[M].卡米力·肖开提,章俊华,译.北京:中国建筑工业出版社,2006:6,7,10-11,231-232

[8] [日]芦原义信.街道的美学[M].尹培桐,译.武汉:华中理工大学出版社,1989:31

[9] [荷]根特城市研究小组.城市状态:当代大都市的空间、社区和本质[M].敬东,译.北京:中国水利水电出版社,知识产权出版社,2005:111

[10] [德]余凯思.在"模范殖民地"胶州湾的统治与抵抗[M].孙立新,译.济南:山东大学出版社,2005:253,254,264-265,268,272

[11] [美]埃德蒙·N 培根.城市设计[M].黄富厢,朱琪,译.北京:中国建筑工业出版社,2003:29

[12] [德]卫礼贤.中国心灵[M].王宇洁,罗敏,朱晋平,译.北京:国际文化出版公司,1998:150-151

[13] 王笛.街头文化——成都公共空间、下层民众与地方政治,1870—1930[M].李德英,谢继华,邓丽,译.北京:中国人民大学出版社,2006:2,13,303

[14] 李东泉.青岛城市规划与城市发展研究(1897—1937)[D]:[博士学位论文].北京:北京大学环境学院,2003:3,4,5,6,7,11

[15] 刘敏.青岛历史文化名城价值评价与文化生态保护更新[D]:[博士学位论文].重庆:重庆大学建筑城规学院,2003:3,248

[16] 李建东.城市住区居住品质研究[D]:[硕士学位论文].重庆:重庆大学建筑城规学院,2005:15,62-63

[17] 中国建筑学会,中国建筑学会

青岛分会.青岛——中国建筑学会专题学术讨论会的报告[M].北京：建筑工程出版社，1958：11，13

[18] 郑也夫.城市社会学[M].北京：中国城市出版社，2002：94

[19] 王彦辉.走向新社区[M].南京：东南大学出版社，2003：145

[20] 陈泳.城市空间：形态、类型与意义——苏州古城结构形态演化研究[M].南京：东南大学出版社，2006：1

[21] 段进，等.世界文化遗产西递古村落空间解析[M].南京：东南大学出版社，2006：1

[22] 白德懋.漫步北京城——一位建筑师的体验[M].南京：东南大学出版社，2006：55

[23] 林玉莲，胡正凡.环境心理学[M].第2版.北京：中国建筑工业出版社，2006：177

[24] 闵学勤. 城市人的理性化与现代化——一项关于城市人行为与观念变迁的实证比较研究[M].南京：南京大学出版社，2004：90，258，265

[25] 王缉慈，等.创新的空间——企业集群与区域发展[M].北京：北京大学出版社，2001：197

[26] 于海漪.南通近代城市规划建设[M].北京：中国建筑工业出版社，2005：3

[27] 中国社会科学院语言研究所词典编辑室.现代汉语词典.北京：商务印书馆，1994：576，220，221，1046

[28] 汪雪，张伟伟，姜戍杰，等.云南路旧城改造调研报告——问卷调查分析[R].青岛理工大学建筑系城市规划2000级， 2003

[29] 丁宁，徐飞. 寻找失落的空间——青岛地区院落空间分析与合理空间组织规模的探究[R].青岛理工大学建筑系城市规划2000级调查报告，2002

[30] 高等学校城市规划专业指导委员会，天津大学建筑学院城市规划系.全国大学生城市规划社会调查获奖作品（2005）[M].北京：中国建筑工业出版社，2006：24，34-35

[31] 高等学校城市规划专业指导委员会，北京大学城市与区域规划系.全国大学生城市规划社会调查（2004）[M].北京：中国建筑工业出版社，2006：4

[32] 青岛市档案馆.青岛地图通鉴[M].济南：山东省地图出版社，2002：68

[33] 宋连威.青岛城市老建筑[M].青岛：青岛出版社，2005：9

[34] 青岛市总工会工运史研究室.青岛工人运动史（1897—1949）[M].北京：中共党史资料出版社，1989：35-39，41-42，50，60，61-62，65-66，71-72，79-84，87-102，133-137，338

[35] 青岛市青年运动史工作委员会共青团青岛市委青运史办公室. 青岛青运史研究二[M]，1988：167

[36] 鲁海.老街故事[M].第2版.青岛：青岛出版社，2003：78，170，172，192

[37] 鲁海.青岛旧事[M].第2版.青

岛：青岛出版社，2003：17-18，19，20，104

[38] 鲁海.作家与青岛[M].青岛：青岛出版社，2006：170，171，173，178

[39] 薛原.青岛记忆[M].青岛：青岛出版社，2004：22-23，27，41-42，21-22，119

[40] 鲁勇.逊清遗老的青岛时光[M].青岛：青岛出版社，2006：2，59，69，70

[41] 马泽.青岛事典[M].青岛：青岛出版社，2006：398

[42] 青岛市建设委员会.青岛市建设法规大全（1979—2003）[S].青岛：青岛市建设委员会，2003：418

[43] 魏世仪，鲁海.百年海韵·青岛中山路[M].北京：解放军文艺出版社，2002：209，210，216

[44] 鲍运昌，李国增.青岛民俗[M].青岛：青岛出版社，1997：27，41，42，91-92

[45] 孙鹏航.逝去的岁月——胶东半岛上的老故事[M].北京：作家出版社，2005：78

[46] 王铎.青岛掌故[M].青岛：青岛出版社，2006：20，60，61-62，295-297

[47] 张蓉.客居青岛[M].青岛：青岛出版社，1999

[48] 易中天.读城记[M].第3版.上海：上海文艺出版社，2006：22

[49] 李东泉，徐飞鹏.青岛城市发展史上的三次飞跃——兼论城市规划与城市发展的关系[J].城市规划汇刊，2003(01)

[50] 张长征.唯求清雅不事张扬——青岛茶馆的设计风格解析[J].中国科技信息，2005（8）：221

[51] 黄飘扬.拥挤的街道[J].中小学作文教学(小学版)，2005（11）

[52] 志远.六户人家的生存发展史[N].青岛晚报，2006-10-26：20版

[53] 流沙.还我咖啡馆读者.兰州：甘肃人民出版社，2006.7

[54] 李彦宏，刘海龙.我怕，但不能让坏人得逞[N].青岛早报，2006-04-15：24版

[55] 黄超，刘鑫.球迷现场直播帮民警擒贼[N].半岛都市报，2006-06-16：A5

[56] 栾磊，刘鲲鹏.搭飞机盗窃九"阔贼"领刑[N].半岛都市报，2006-09-27：A8

[57] 王哲.玩的时间没有，做不完的卷子[N].青岛晚报，2006-10-20：7版

[58] 李晓丽.两会声音[N].青岛早报，2007-01-28：3版

[59] 臧旭平.13岁女孩晨练被撞飞[N].青岛早报，2007-01-27：8版

[60] 张秉山.青岛影像1 小推车的功勋[N].青岛早报，2007-02-01：37版

[61] 青岛人士援助沪案之热烈.青岛·案史料[N].申报，1925-06-16

[62] 青岛4000余名人力车夫向国民党市党部请愿[N].军民日报，1946-04-

[63] 警备部特告学校工厂商店严禁游行示威[N].平民报,1947-06-03

[64] 美国海军陆战队第六师在青岛举行大游行及阅兵礼[N].青岛公报,1945-10-27

[65] 日本海军大游行[N].青岛新民报,1938-02-24

[66] 陈玉洁.宠物狗:养还是不养?[N/oL].(2005-12).http://www.rmhb.com.cn/chpic/htdocs/china/200512/chongwugou.html

[67] 段海鹰.10余条道路案件频发青岛警方提醒市民加强防范[N/oL].(2004-10-14).http://www.chinatimes.cc

[68] 任金梅,王建华.岛城冬季严打"除恶"796人[N/oL].(2006-01-23).http://www.cpnews.org

[69] 杭州快速公交引发诸多质疑 政府面临魄力考验[N/oL].(2006-08-23).http://news.zj.com

[70] 朱镕基质疑:国内一些富豪为何不交个人所得税?[N/oL].(2002-07-02).http://www.china.com/zh_cn/

[71] 魏雅华.中国税负"痛苦指数"全球第二?[N/oL].(2005-11-08).http://news.phoenixtv.com

[72] 唐勇林.调查显示82.5%公众反对个税起征点一刀切[N/oL].(2005-08-29).http://www.cctv.com

[73] 青岛车位紧缺催生新现象 单位停车场对外开放收费[N/oL].(2006-03-31).http://www.21class.com/resource/library/text.asp?id=21985

[74] 在痛爱中走过的城市 青岛,你为什么这么粗心?[N/oL].(2003-12-19).http://www.qingdaonews.com

[75] 孙保锋.西康别墅的城市意象[N/oL].(2006-10-13).http://club.qingdaonews.com

[76] 叶什克纪念碑[N/oL].(2005-04-17).http://www.qingdaonews.com

后记

我的硕士论文从2006年到2007年共写了12个月，算是花了时间、下了功夫。5年后重读和修改，回忆其间的辛苦与喜悦、收获与遗憾，还是能够感受到当年的执著与诚意。我不是一个聪明的人，甚至有些鲁钝，走过不少弯路，然而一路上收获颇丰，如果可以重来，我也不愿省掉任何沟沟坎坎，这一切，正是我的生命体验。

本书在硕士论文的基础上修改而成，成书之际，首先要感谢我的导师齐康老师，我幸运地得到老师的言传身教，能够聆听老师的教诲，研究生期间从齐老师身上学到很多。那时齐老师七十多岁依然每天坚持画钢笔画，在讲工程中的具体问题时随手画出七八个经典广场的平面并解释其中的规律，他的勤奋让我深受触动。我很珍惜跟随老师出差的机会，期间可以更多地看老师画草图、处理工程问题、谈怎样学习和做设计。齐老师很支持我的选题，他鼓励我把青岛研究好，使我备受鼓舞，坚定了从事青岛城市研究、公共空间与公共生活研究的信念。

感谢郑炘老师在工程实践和学习中给我的悉心指导，对我的论文提了很多宝贵的建议。郑老师儒雅的学者风范令我钦佩不已，多年来对我热心的关怀和帮助让我感激难忘。

感谢李东泉老师和刘敏老师百忙当中抽出时间阅读拙作，指出了一些应该加强的地方，为我的论文找出了正确的修改方向。李东泉老师在我本科的时候开启了我对人与空间研究的兴趣。感谢我在专业上的启蒙老师李兵营老师，为我打下了坚实的基础。感谢徐科峰老师指导了我的本科毕业论文，让我体会到经济地理对城市规划的重要作用，对我的专业道路影响深远。

张宏老师、张青萍老师作为答辩委员对论文提出了宝贵意见，两位老师给我的亲切鼓励和认可，让我难以忘怀。在我查资料期间结识了青岛市档案馆的孙保锋老师，初次相见就热心帮助着实让我感激，档案馆周兆利老师的犀利的意见让我认识到论文的不足，而本书能够出版也是源于他对我的督促。

朱光亚老师在课堂上给我极大的鼓励，那是我最需要鼓励的时期，能够得到朱老师的认同，使我信心大增。朱老师的课所传递的不仅是知识，更是对思考的不断挖掘，我想，好的老师能够影响人，也许在不经意间就把学生往正确的道路上推了一步。

感谢东南大学建筑研究所杨志疆老师、金俊老师、王彦辉老师、叶菁老师对我的鼓励和帮助。感谢高晶老师、林挺老师、蒲老师对我的学习和生活的照顾和帮助。感谢东南大学建筑研究所同学张弦、李昱、桂鹏、沈晓梅对我的帮助，三年同窗，回忆良多。

感谢大学好友李建东对我的鼓励和对论文的意见，我们都对公共空间与公共生活研究感兴趣，常常一起讨论问题，一聊就是四五个小时，给对方很多启发，共同得到进步。感谢郑瑞山在我考研和读研期间给予的大力支援，若非他的帮助，我很难实现进入东南大学读书的梦想。我们一起争论过很多问题，我收获颇丰。

感谢张四维、马宁、江泓、余威、何锐、唐大为、楚超超、罗超等同学朋友对我的鼎力相助。感谢胡晨浩在我刚工作时给我的鼓励、信任和支持，那几年形成的信心对我的成长起到了重要的作用。感谢好友李强、裴根、姜洪友、张小帆、徐冰华对我的诸多帮助。

感谢在成书期间，陈雳老师和东南大学出版社魏晓平编辑的热心帮助，感谢参与本书出版工作的诸位老师严谨、认真和辛苦的工作。

感谢我的妻子王宁十多年以来对我的理解和体谅，没有她的宽容与支持，就没有我的进步和工作学习中的任何成绩，没有今天的我。执子之手，与子携老，是我的福分。

感谢我的女儿想想，这些年带给我们的快乐和幸福，总比照顾她的疲惫和她顽皮带来的苦恼要多，她天真烂漫真诚，常常问出直指本质的问题，说出富含哲理的简单话语，女儿使我从更多的角度、更加深刻地体验生命。希望她健康快乐。

石峰
2012年10月22日 于青岛